新編諸子集成

商君書錐指

蔣禮鴻　撰

中華書局

圖書在版編目(CIP)數據

商君書錐指/蔣禮鴻撰. —北京:中華書局,2017.6
(2025.3 重印)
(新編諸子集成)
ISBN 978-7-101-12532-0

Ⅰ.商… Ⅱ.蔣… Ⅲ.①商鞅變法②《商君書》-注釋
Ⅳ.B226.22

中國版本圖書館 CIP 數據核字(2017)第 064666 號

責任編輯:徐真真
責任印製:陳麗娜

新編諸子集成
商君書錐指
蔣禮鴻 撰

*

中華書局出版發行
(北京市豐臺區太平橋西里 38 號 100073)
http://www.zhbc.com.cn
E-mail:zhbc@zhbc.com.cn
三河市中晟雅豪印務有限公司印刷

*

920×1250 毫米 1/32 · 5½印張 · 2 插頁 · 93 千字
2017 年 6 月第 1 版 2025 年 3 月第 5 次印刷
印數:6001-7000 冊 定價:49.00 元

ISBN 978-7-101-12532-0

新編諸子集成精裝本出版説明

子書是我國古籍的重要組成部分。最早的一批子書産生在春秋末到戰國時期的百家争鳴中，其中不少是我國古代思想文化的珍貴結晶。秦漢以後，還有不少思想家和學者寫過類似的著作，其中也不乏優秀的作品。

二十世紀五十年代，中華書局修訂重印了由原世界書局出版的諸子集成。這套叢書匯集了清代學者校勘、注釋子書的成果，較爲適合學術研究的需要。但其中未能包括近幾十年特别是一九四九年後一些學者整理子書的新成果，所收的子書種類不够多，斷句、排印尚有不少錯誤，爲此我們從一九八二年開始編輯出版新編諸子集成，至今已出滿四十種。

爲滿足不同讀者的需求，這套書將分批出版精裝本，版面疏朗，裝訂考究，非常適合閲讀與收藏。敬請關注。

中華書局編輯部

二〇一六年三月

目録

商君書錐指卷三

商君書錐指卷四

商君書錐指卷五

附録

叙

史記稱商君説秦孝公以帝王霸之道不用，最後説以强國之術，乃見悦取。而商君曰：「然亦難以比德於殷、周矣。」夫謂以帝王進説，此傳者矯妄之辭，太史公采入列傳，失審諦矣。若夫殷、周難比，語或有之，而非商君主行王道之謂也。古之立説欲以易天下者，術必有所因，而説輒有所借，荀卿子所謂持之有故是也。商君者，蓋嘗學殷道，而變本加厲，以嚴罰壹其民者也。書稱殷罰有倫，罰蔽殷彝；荀卿言刑名從商。刑罰之起雖自遠古，要其有倫有彝，則始殷時。李斯上二世書、劉向説苑並云商君之法刑棄灰於道者，而韓非書以此爲殷法。非説爲後人所不信，然觀禮表記稱殷人先罰而後賞，其民之弊，蕩而不靜，勝而無恥，則殷罰固重，韓非之説不盡爲誣，而商君之嚴刑當即濫觴於殷法也。商君之説，唯在尚力，爲其無所託而不見尊信，則楬湯、武以爲號。故曰：「民愚則知可以王，世知則力可以王。湯、武致强而征，諸侯服其力也。」（開塞篇。）「今世巧而民淫，方傚湯、武之時。」（算地篇。）賞刑篇又極道湯、武，固以爲不如是則不足動人聽也。所云難以比德殷、周，特恐刑不極其峻，不足以壹民，兵不極其强，不足以兼併，初非欲施仁恩教化，似儒者之所謂也。或者乃據此以謂商君與儒同道，蓋亦左矣。商君之説存於今者，有書二十四篇。然非出自撰，又頗有譌脱。四庫提要摘其不當開卷第一篇即稱孝公之謚，謂是法家者流掇拾軼餘論以成是編，允矣。今觀其書，徠民一篇，時勢多非商君時事，史記亦未言商君嘗徠三晉之民。且篇中所言與全書重爵禄不輕施予之旨顯然背戾，在廿四篇中最爲不倫；唯其言制土分民之律與算地篇同，斯乃習聞商君遺説者爲秦畫策，本其農戰之説而變通之，篹商君書者因録其議，未爲别白言之爾。徠三晉之民，非商君意也。至於餘篇，縱多脱譌，猶復屬辭質直而一律，宗旨貫通而不雜，出諸一手，斷可云然。又賞刑篇言湯封贊茅，與漢書地理志合；境内篇言秦官爵，與漢書百官公卿表大同；淮南王、太史公書稱引開塞、耕戰，則其書必漢以前人所造，非後之淺陋者所能僞爲，又亦可知。然則其書即非商君自撰，要爲近古，不失商君之意與其時事者也。而傳遠論略，論之者或不免於失允，今略爲疏之。一曰：秦方興時，朝廷官爵豈有以貨財取者？而賣權者以求富，下官者以冀遷，豈孝公前事邪？案：韓非子姦劫弒臣篇曰：「古秦之俗，（當作秦之故俗。）君臣廢法而服私，是以國亂兵弱而主卑。商君説秦孝公以變法易俗而明公道，賞告姦，困末作，而利本事。當此之時，秦民習故俗之有罪可以得免，無功可以得尊顯也，故輕犯新法。」據韓非之説，則賣官冀遷，孝公前非不可有。韓非縱有誇飾，當亦不能盡誣。此之所議，無乃不考乎？二曰：弱民篇襲荀子，靳令篇同韓非。又曰：商君書所以與韓非雷同，由於後人集述，誤入韓文。案：之二言者，皆謂商君書鈔襲他家，此似是而非者也。靳令篇言以五里斷者王，以十里斷者彊，（當作弱。）宿治者削，（文有脱。）與去彊、説民二篇同，而韓非他篇無之，明爲商君之説而韓采之，非商之勦韓也。弱民篇末所言楚事，與上文語意全不銜接，是乃商君書簡策有脱，後人妄以荀子之簡補之，豈造是書者之襲成文哉？三曰：書中主張亦不一致。若墾令篇曰：「令軍士（案本書作市。）無有女子。」此不主張軍隊中有女子矣。乃兵守篇曰：「三軍：壯男爲一軍，壯女爲一軍，男女之老弱者爲一軍。」此顯與墾令篇之言牴牾。案：無女子者，蓋謂壯男之軍無得有女子。今以辭害意，故謂牴牾耳。兵守篇曰：「慎使三軍無相過。壯男過壯女之軍，則男貴女而姦民有從謀而國亡。喜與其恐有蚤聞，（而姦以下有脱亂，不可解。）勇民不戰。壯男、壯女過老弱之軍，則老使壯悲，弱使彊憐。悲憐在心，則使勇民更慮而怯民不戰。故曰：『慎使三軍無相過。』此盛力之道。」然則軍中雖有女子，而壯男壯女乃不相通；男女雜處者，唯老弱者耳。此即婦人在軍兵氣不揚之意。如知此意，則於墾令篇所説何爲不可通乎？況墾令之文未甚可曉，軍市之與軍中，果其有間與否，猶不可確知邪？四曰：俞樾諸子平議謂商君言及年月日時，亦足爲時代過晚之證。案：俞氏本日知録，謂漢以下曆法漸密，於是以一日分爲十二時，古無其説。今若謂商君書言時即十二時，則其書當出漢後矣。是甚不然。儀禮既夕記：「鱓俟時而酌。」注：「時，朝夕也。」周禮閽人：「以時啟閉。」注：「時，漏盡。」又莊子言見卵而求時夜，亦謂司晨夜之時耳。凡此言時，並可粗略言之，豈此書言時必爲十二時哉？夫顧氏第謂古無十二時，不謂古不言時也。且俞氏已曰：「意所謂時，尚是雞鳴平旦之屬，而非今之所謂十二時。」管子立政篇：『乃發使者致令以布憲之日，蚤宴之時。』」則疑不當言時者，又不足論也。予以檮昧，從學日淺，校商君書於重馳紕繆之餘，所能發正者蓋亦尟矣。他日錢子厚先生嘗觀其稿，以爲讀商君書如斷港絶航，難可通達，而許予所得爲稍多，予滋媿焉。荀卿有言曰：「以錐滄壺，以指測河，不可以得之。」遂命以「錐指」而叙之爾。公元一九四四年秋，蔣禮鴻撰。時在重慶柏溪。

例　言

正文依嚴萬里校本。有校正，並出於注。嚴氏校語全録之。諸家説合者采之，不合而有辨正者亦出其語，各冠其姓氏爲別。諸家説在前而繼以鄙説者，則稱「禮鴻案」以別之。其不冠姓氏者，悉鄙生之所綴也。諸家姓氏具列於此：烏程嚴可均字景文校孫星衍刻本。（星衍與孫馮翼同校刻，是爲問經堂本。）金山錢熙祚字錫之校刻商子。（指海本。）德清俞樾字蔭甫，有諸子平議。瑞安孫詒讓字仲容，有商子校本（合孫星衍、嚴可均、錢熙祚三家校本校），札迻。鹽城陶鴻慶字小石，有讀諸子札記。長沙王時潤字啟湘，有商君書斠詮，商君書集解。吳縣朱師轍字少濱，有商君書解詁，商君書解詁定本。大定簡書，有商君書箋正。陳啟天，有商君書校釋。一九四九年一月，友人永嘉王季思自廣州寄示朱氏解詁定本。其例言據烏程范鍇華笑廎雜筆及文瀾學報影印嚴可均爾雅一切註音義書葉，證明嚴可均、萬里爲一人。今案：萬里、可均二校本別異處甚多，蓋萬里本校定於乾隆五十八年，而可均本則校定於嘉慶十八年也。今茲卷中仍分題萬里、可均，而著其説於此，庶覽者知一人之説而復自不同者，由時之有先後也。凡定本與鄙説同者，亦不更臚列云。

商君書錐指卷一

更法第一

古有可法，有不可法。所惡乎言法古者，以其執文泥義，併其不可法者一概法之，非謂古之皆不可法也。韓非子南面篇曰：「不知治者，必曰：『無變古，毋易常。』變與不變，聖人不聽，正治而已。然則古之無變，常之毋易，在常古之可與不可。」知韓子此說，可與論變古之意矣。

孝公平畫，秦孝公，獻公之子。司馬貞史記索隱云：「名渠梁。」四庫提要曰：「史記稱秦孝公卒，太子立，公子虔之徒告鞅欲反，惠王乃車裂鞅以徇。則孝公卒後鞅即逃死不暇，安得著書？如爲平日所著，則必在孝公之世，又安得開卷第一篇即稱孝公之謚？殆法家者流掇拾鞅餘論以成是編。」平畫者，戰國趙策趙武靈王變胡服章與此相似，其首句曰：「趙武靈王平畫閒居。」此疑亦當作平畫閒居，有誤脱也。近人簡書説如此。**公孫鞅、甘龍、杜摯三大夫御於君。**近人王時潤曰：「小爾雅廣言及廣雅釋言云：『御，侍也。』」**慮世事之變，討正法之本，求使民之道。**嚴萬里曰：「秦本、范本無求字，元本有。」**君曰：「代立不忘社稷，君之道也。錯法務民主張，臣之行也。**孫詒讓曰：「錯法務民主張句義殊不可通。新序善謀篇作『錯法務明主長』，是也，當據正。戰國趙策趙武靈王與肥義趙造論胡服章文與此多同，彼曰：『嗣立不忘先德，君之道也。錯質務明主長，臣之論也。』明、長二字與新序正同，可以互證。」簡書曰：「崇文本亦作主長。」禮鴻案：錢熙祚指海本亦作主長。錯，設置也。行，亦道也。今吾欲變法以治，更禮以教百姓，恐天下之議我也。」公孫鞅曰：「臣聞之，疑行無成，嚴萬里曰：「史記作無名。」疑事無功。君亟定變法之慮，殆無顧天下之議之也。呂氏春秋自知篇：「座殆尚在於門。」高誘注：「殆猶必也。」案：變法之計，商君與孝公議之熟矣，特未訟言於羣臣耳，兹乃必欲遂之也。且夫有高人之行者，固見負於世；高人，過人也。嚴萬里曰：「史記作固見非，元本同。秦本、范本作必見非。司馬貞索隱云：『案：商君書非作負。』今據改。」王時潤曰：「索隱原文當云：『商君書見非作負非。』蓋史記作見，商君書作負耳。今本索隱已譌，未可從。」禮鴻案：王説是。新序善謀篇正作負非。有獨知之慮者，必見驁於民。嚴萬里曰：「元本驁作敖，史記同。索隱作必見驁於人，今據改。唐避太宗諱，故更民作人。秦本、范本皆作因見毀，訛。」禮鴻案：作因者，乃固字之誤。説文：「謷，不省人言也。」（依段氏改補。）段玉裁注引詩板「我即爾謀，聽我囂囂」傳曰：「囂囂，猶謷謷也。」箋云：「女聽我言，謷謷然不肯受。」是敖驁並謷之借字，新序正作見謷。但今史記索隱作訾，不知嚴氏所據何本。語曰：『愚者闇於成事，闇猶蔽也。成事，既成之事。知者見於未萌。民不可與慮始，而可與樂成。』嚴萬里曰：「舊本無而字，成下有功字。今依史記增删。」禮鴻案：舊本自可通，不必改。郭偃之法曰：『論至德者不和於俗，成大功者不謀於衆。』郭偃即卜偃，見國語晉語。韋昭注：「郭偃，晉大夫卜偃也。」又曰：「卜偃，晉掌卜大夫郭偃也。」春秋左氏傳皆作卜偃，無作郭偃者。其人則獻公、文公間人。左傳、國語無此二語。法，蓋謂言之可以爲法者也。論語：「法語之言，能無説乎？」又案：韓非子南面篇：「管仲毋易齊，郭偃毋更晉，則桓、文不霸矣。凡人難變古者，憚易民之安也。……故郭偃之始治也，文公有官卒；管仲始治也，桓公有武車。戒民之備也。」商、韓並稱道郭偃，以其變法也。然其事不見於左、國，不能詳也。戰國趙策：「燕郭之法，有所謂桑雍者。所謂桑雍者，便嬖左右之近者及夫人優愛孺子也。是皆能乘王之醉昏而求所欲於王者也。是能得之乎內，則大臣爲之枉法於外矣。」燕郭曾本作郭偃，桑雍劉本作柔癰。王念孫讀書雜誌謂燕郭當作郭燕，即郭偃；桑雍當作柔癰。今案：柔癰之説，亦法家言也。墨子所染篇：「晉文染於舅犯、高偃。」王先慎曰：「高與郭一聲之轉。」畢沅曰：「呂氏春秋高作郤。」禮鴻案：王念孫説郤即郭之譌文。法者，所以愛民也；禮者，所以便事也。開塞篇曰：「今世之所謂義者，將立民之所好，而廢其所惡；此其所謂不義者，將立民之所惡，而廢其所樂也。二者名貿實易，不可不察也。立民之所樂，則民傷其所惡；立民之所惡，則民安其所樂。何以知其然也？夫民憂則思，思則出度；樂則淫，淫則生佚。故以刑治則民威，民威則無姦，無姦則民安其所樂。以義教則民縱，民縱則亂，亂則民傷其所惡。吾所謂刑（原作利，據簡氏改。）者，義之本也；而世所謂義者，暴之道也。夫正民者，以其所惡，必終其所好；以其所好，必敗其所惡。」又曰：「此吾所以效刑之反於德，而義合於暴也。」商君之任刑，雖毒苦其民，固猶曰吾愛民也。學者不察，見其書或有仁義字，便謂非所宜言，必欲去之，若遇仇讎焉，夫豈知言者哉？是以聖人苟可以彊國，不法其故；苟可以利民，不循其禮。」嚴萬里曰：「舊本作於禮，與文誼不合，今據上文及史記改。」孫詒讓曰：「新序亦作其禮。」孝公曰：「善！」甘龍曰：史記索隱曰：「孝公之臣，甘姓，名龍也。甘氏出春秋時甘昭公子帶之後。」「不然。臣聞之：聖人不易民而教，知者不變法而治。因民而教者，不勞而功成；據法而治者，吏習而民安。此禮記所謂禮從宜，使從俗也。然守常之道耳，非救弊之用也。今若變法，不循秦國之故，更禮以教民，臣恐天下之議君。願孰察之。」公孫鞅曰：「子之所言，世俗之言也。夫常人安於故習，嚴萬里曰：「元本及史記、李善注文選東京賦引，並作故俗。」學者溺於所聞。此兩者，所以居官而守法，嚴萬里曰：「史記作以此兩者居官守法可也，當屬以意刪改。」非所與論於法之外也。嚴萬里曰：「范本無也字。」三代不同禮而王，嚴萬里曰：「舊本作同道，史記作同禮。案此篇禮法並舉，作道訛，今改正。」五霸不同法而霸。故知者作法，而愚者制焉；賢者更禮，而不肖者拘焉。嚴萬里曰：「史記、李善注文選西京賦引無而字。」禮鴻案：制焉拘焉，謂拘制於舊禮故法而不敢有所變更也。拘禮之人，不足與言事；制法之人，不足與論變。君無疑矣。」杜摯曰：近人朱師轍曰：「杜摯與王稽攻趙，見國策。」「臣聞之：利不百，不變法；功不十，不易器。臣聞法古無過，循禮無邪。君其圖之。」公孫鞅曰：「前世不同教，何故之法？帝王不相復，漢書武帝紀元朔六年夏六月詔曰：「朕聞五帝不相復禮，三代不同法。」顏師古注：「復，因也。」禮鴻案：復讀如复。說文：「复，行故道也。」何禮之循？伏羲、神農教而不誅，黄帝、堯、舜誅而不怒。太平御覽七十六引六韜曰：「昔栢皇氏、栗陸氏、驪連氏、軒轅氏、赫胥氏、尊盧氏、祝融氏，此皆古之王者也。未使民，民化；未賞民，民勸。此皆古之善爲政者也。至於伏犧氏、神農氏教民而不誅，黄帝、堯、舜誅而不怒。」語與此同。怒疑讀爲努。書甘誓：「不用命，戮於社。予則孥戮汝。」湯誓：「爾不從誓言，予則孥戮汝。」蓋古者誅而有孥，起於夏后氏與？或曰：案荀子君子篇：「刑罰不怒罪，爵賞不踰德。」又：「刑罰怒罪，爵賞踰德。」皆怒踰對文。王先謙曰：「怒踰皆過也。」方言：『凡人語而過，東齊謂之弩。』又：『弩猶怒也。』是怒即過也。」然則此云誅而不怒者，誅而不過之謂。曲禮鄭注：「誅，罰也。」禮鴻案：或說亦通。商君行刑重其輕者，是誅而怒矣。則以時勢又變也。及至文、武，各當時而立法，因事而制禮；禮法以時而定，制令各順其宜，兵甲器備各便其用。荀子正論篇曰：「王者之制也，視形勢而制械用，土地形制不同者，械用備飾不可不異也。」楊倞注曰：「即禮記所謂廣谷大川異制，民生其間者異俗，器械異制，衣服異宜也。」臣故曰：『治世不一道，便國不必法古。』嚴萬里曰：「元本、范本作不必古，史記作不法古。今據秦本。」禮鴻案：不必法古義最完密。云法古者，正對杜摯法古無過語而發；云不必者，古固可以法，可以不法，惟便於事耳。戰國策亦作便國不必法古。湯、武之王也，不脩古而興，嚴萬里曰：「諸本及史記作循古，今據司馬貞索隱改。」王時潤曰：「脩、循二字隸書形近，故易致誤。此當依諸本作循爲是。」禮鴻案：王説是也。此云湯、武不循古而興，已爲開塞篇發端矣。夏殷之滅也，不易禮而亡。嚴萬里曰：「元本作殷、夏，史記同，秦本、范本作商、夏。又史記無之滅也、之王也六字。」朱師轍曰：「司馬貞曰：『指殷紂、夏桀。』」然則反古者未必可非，循禮者未足多是也。嚴萬里曰：「史記作反古者不可非，循禮者不足多。」君無疑矣。」孝公曰：「善！吾聞窮巷多恡，玉篇：「悋，鄙也。俗作恡。」此謂窮巷之人多鄙也。鄙者，莊公十年左傳，曹劌曰：「肉食者鄙，未能遠謀。」是其義也。又説文：「遴，行難也。」引易「以往遴」。今易作吝。蓋遴本字，吝假借字，悋恡並俗字。行難即不能遠謀也。御覽一百九十五引作窮巷多悋，新序作窮鄉多怪，未可從。曲學多辨。莊子天下篇曰：「不該不徧，一曲之士也。」又秋水篇曰：「曲士不可以語於道者，束於教也。」是曲者褊隘之謂。辨同辯。范本作多辯。愚者笑之，知者哀焉；狂夫之樂，賢者喪焉。孫詒讓曰：「笑之新序作之笑，與下文狂夫之樂正相對，是也。當據乙正。」禮鴻案：孫説是。喪疑當作哭。愚者之笑與賢者哭焉爲對，狂夫之樂與知者哀焉爲對，錯綜其文耳。戰國策作「狂夫之樂，知者哀焉；愚者之笑，賢者戚焉」。語相似。拘世以議，寡人不之疑矣。」於是遂出墾草令。簡書曰：「范本無於是遂出墾草令句。」禮鴻案：史記商君列傳曰：「孝公曰：『善！』以衛鞅爲左庶長，卒定變法之令。」秦本紀：「孝公元年，衞鞅西入秦。三年，説孝公變法修刑，内務耕稼，外勸戰死之賞罰。孝公善之，甘龍、杜摯等弗然，相與争之。卒用鞅法。百姓苦之。居三年，百姓便之。乃拜鞅爲左庶長。」據本紀則變法之議在孝公三年，爲左庶長在六年。足補列傳之所略。

墾令第二

案：此篇所言，乃墾令之所從出，非即令也。篇題蓋後人加之。玉篇：「墾，耕也。」漢書食貨志：「董仲舒曰：『商鞅之法，除井田，民得賣買。富者田連仟佰，貧者亡立錐之地。』」

無宿治，則邪官不及爲私利於民，而百官之情不相稽。稽，留也。靳令篇曰：「宿治則削。」**則農有餘日。邪官不及爲私利於民，則農不敗。**嚴萬里曰：「范本作不救，謁。」禮鴻案：指海本亦作救。校曰：「救字誤，七國考引作敝。」王時潤曰：「當依崇文本作不敝，救即敝字之誤。」**農不敗而有餘日，則草必墾矣。**俞樾曰：「此當作『無宿治，則邪官不及爲私利於民，而百官之情不相稽，則農有餘日。農不敝而有餘日，則草必墾矣。』傳寫誤奪耳。」王時潤曰：「俞氏補百官之情不相稽句，當矣。然以爲必在邪官二句下，則殊不然。此文兩百官句當相連。下文云：『使商無得糴，農無得糴。（糴糴二字，王自互易之。下同。説見彼。）農無得糴，則窳惰之民勉疾。商無得糴，則多歲不加樂。』又曰：『聲服無通於百縣，則民行作不顧，休居不聽。休居不聽，則氣不淫。行作不顧，則意必一。』皆先承次句，後承首句，與此一律。且惟其兩句適相連接，故易致脱誤。」禮鴻案：王説是。

訾粟而税，則上壹而民平。嚴萬里曰：「諸本作一，元本作壹。下同。」上壹則信，信則臣不敢爲邪。民平則慎，慎則難變。俞樾曰：「臣當作官。下文『上信而官不敢爲邪』可證。」禮鴻案：官不敢爲邪者，上章云邪官不及爲私利於民是也。漢書枚乘傳：「舉吴兵以訾於漢。」李奇曰：「訾，量也。」説文：「税，租也。租，田賦也。」蓋謂案畝而税，量一畝所出粟而賦之，額既一定，故上壹而民平。平者，出粟有度，無過不及，故農者慎以求中程而已，有恒心而不思遷也。上信而官不敢爲邪，民慎而難變，則下不非上，中不苦官。下不非上，中不苦官，則壯民疾農不變。疾農即下章之勉農，猶力田也。壯民疾農不變，則少民學之不休。少民學之不休，此下脱壯民疾農不變句。下章可相比例。則草必墾矣。

無以外權爵任與官，以農戰而已矣。下篇所謂作壹也。則民不貴學問，又不賤農。民不貴學則愚，愚則無外交。交，接也。不與外務接。無外交，則國勉農而不偷。嚴萬里曰：「范本闕國字，諸本有。」禮鴻案：范本無國字是。明董説七國攷引亦無國字。禮表記：「君子莊敬日强，安肆日偷。」鄭玄注：「偷，苟且也。」又荀子禮論篇曰：「怠惰偷懦之爲安。」則偷與怠惰，其義一也。説文無偷字，本字作愉。「愉，薄也。」周禮地官：「大司徒之職，施十有二教，六曰：以俗教安，則民不愉。」鄭注：「愉，謂朝不謀夕。」民不賤農，則國安不殆。國安不殆，勉農而不偷，則草必墾矣。陶鴻慶曰：「此文當云：『民不貴學則愚，愚則無外交，無外交則國安不殆。民不賤農，則農勉而不偷。國安不殆，農勉而不偷，則草必墾矣。』今本國安不殆與農勉而不偷二句互誤，則上下文義不貫。勉農上衍國字，即元文之未盡泯者。又案：勉農二字互倒。下文云：『農無得糶，則窳惰之農勉疾。』算地篇云：『故其農勉而戰戢。』並其證也。」禮鴻案：陶氏易句，於文固似從順。然即今本删一國字，即亦未爲不可通也。

且民無外交則心壹，故能勉農。農者，國之本，民不賤農，故國本固而不殆。其義甚長，未可輒改。又，此文有兩勉農，下勉農當依陶氏改作農勉。上勉農則蒙民不貴學民字而言，言民勉力務農也。本非誤倒，亦不當乙。

禄厚而税多，食口衆者，敗農者也。謂官之禄厚食税多足以養游惰不耕之民。**則以其食口之數賤而重使之。**孫詒讓曰：「賤當爲賦之誤。」**則辟淫游惰之民無所於食。**辟讀爲僻。**民無所於食則必農。**俞樾曰：「民字衍文也。上云則辟淫游食，（王時潤曰：「程榮、陳仁錫兩明本及崇文本均作游食。」禮鴻案：范本及七國攷引亦作游食。俞氏所據，則孫星衍本也。）之民無所於食，此云無所於食則必農，兩文相承。若有民字，必并有辟淫游食之五字，於文方足。今無此五字，故知亦無民字也。下文云：『壹山澤，則惡農慢惰倍欲之民無所於食，無所於食則必農。』文與此同，可證矣。施氏先秦諸子本正無民字，當據以訂正。」禮鴻案：民字不必衍。蓋承上而言，自知此爲辟淫游惰之民也。俞說殊泥。**農則草必墾矣。**

使商無得糴，農無得糶。説文：「糴，市穀也。糶，出穀也。」**農無得糶，則窳惰之農勉疾。**史記貨殖列傳：「地勢饒食，無饑饉之患，以故呰窳。」徐廣曰：「呰窳，苟且墮嬾之謂也。」**商無得糴，則多歲不加樂。多歲不加樂，則饑歲無裕利。無裕利則商怯，商怯則欲農。窳惰之農勉疾，商欲農，則草必墾矣。**王時潤曰：「糴糶二字當互易。商子原文當作『使商世得糶，農無得糴』……蓋商子之意，以農爲穀之所自出，如聽其市穀而食，則窳惰之農無所憚，將終其身不肯從事於田野，而荒蕪可立待矣。故必使之不得市穀而食，而後窳惰之農勉疾也。商則素不耕稼，勢不能不市穀而食。然使挾其多錢善賈之長技，以積穀而居奇，則豐歲可以賤其值而收之，飢歲可以昂其值而出之；一遇水旱偏災，無數謹愿農民，其生死悉繫於三四奸商之手，尚何富强之可望？故必使商人不得操出穀之權，而後農商不以歲之豐歉殊其苦樂。且商必待農而後食，斯商怯而欲農矣。今本糴糴二字上下互誤，故其義難通矣。然周氏涉筆已摘此兩言詆商君，則二字之互誤，蓋自宋已然矣。」簡書曰：「商鞅之意，蓋以商賈所以通貨賄，而食爲民天，非商賈所可操縱，故令商無得糴者，即禁商人乘穀賤居積也。至於器械易粟，粟易布帛，正國家調濟四民之道；商民日食，誰得而禁其市穀？然則農無得糶奈何？曰：農人服田力穡，自食之餘，悉奉官公。豳風諸什，可以證見。耕三餘一，耕九餘三，權一操之君上，農人何能自由？即本書壹言篇『農則易勤，勤則富，富則廢之以爵而不淫』及靳令篇『民有餘糧，使民以粟出官爵』，可見農食餘穀，應全入官。在古即耕三餘一之遺法，後世即納粟授官之惡例。商君以農戰爲國，於農穀必有詳密之管理方法，惜其書殘闕，不可復覩。管夷吾生商君前，其治齊也，以官山府海，而兼重農戰。管書亦殘闕，然輕重諸篇中尚可考見其治粟方法，足爲商書佐證者。如輕重六、國蓄第七十三云：『國有十年之蓄，而民不足於食，是皆以其技能望君之祿也。君有山海之金，而民不足於用，是皆以事業交接於君上也。故君上挾其食，守其用，據有餘而制不足，故民無不累於上也。五穀食米，民之司命也；黃金刀幣，民之通施也。故善治國者，執其通施，以御其司命，故民力可得而盡也。』此見農穀糴糶之權操之君上。又云：『凡將爲國，不通於輕重，不可爲籠以守民；不能調通民利，不可以語制爲大治。是故萬乘之國有萬金之賈，千乘之國有千金之賈。然則何也？國多失利，則臣不盡其忠，士不盡其死矣。歲有凶穰，故穀有貴賤；令有緩急，故物有輕重；然而人君不能治，故使蓄賈游市，乘民不給，百倍其本。分地若一，彊者能守；分財若一，知者能收；知者有十倍人之功，而愚者有不賡本之事；然而人君不能調，故民有相百倍之生也。』此可見君國者欲調通民利，使貧富齊而法令行，則於歲之凶穰，穀之貴賤，其輕重緩急均須操之於上，而農與商均不能爲役也。又曰：『歲適美，則市糶無予，而狗彘食人食；歲適惡，則市糴釜十繦，而道有餓民。然則豈壤力不足，而食固不贍也哉？夫往歲之糶賤，狗彘食人食，故來歲之民不足也。』又曰：『凡輕重之大利，以重射輕，以賤泄平。萬物之滿虛，隨財准平而不變，衡絶則重見。人君知其然，故守之以准平：使萬室之都必有萬鍾之藏，藏繦千萬；千室之都必有千鍾之藏，藏繦百萬；春以奉耕，夏以奉耘，耒耜械器種饟糧食畢取贍於君，故大賈蓄家不得豪奪吾民矣。然則何？君養其本謹也。春賦以斂繒帛，夏貸以收秋實，是故民無廢事，而國無失利也。』又曰：『夫物多則賤，寡則貴，散則輕，聚則重。人君知其然，故視國之羨不足而御其財物。穀賤則以幣予食，布帛賤則以幣予衣，視物之輕重而御之以准，故貴賤可調，而君得其利。』此可見糴糶之權不操於君上，則民之貧富不齊，無能以賞罰督之農戰也。綜觀管子之言，可推商君書大旨農穀出入不容農商私擅，商無利則怯而務農，農不淫而勉疾於農爲其本意。」禮鴻案：王說糴糶二字當互易，是也。農者必當食其所自耕嗇，若令得糴而食，則窳惰而不耕矣。所謂窳惰者，謂去畎畝而事他，非必無所事事而後謂之窳惰也。使農者得事末作而有所於食，其所得愈於力耕而事力易，此商君之所疾也，故令無得糴以堙其源爾。簡氏謂糴糶之權當一操之君上，不容農商私擅，固爲通論，然非此章之旨。又案：此文衍「多歲不加樂則」六字，當云：「商無得糴，則多歲不加樂，饑歲無裕利。」

聲服無通於百縣，王時潤曰：「謂淫聲異服也。」禮鴻案：史記六國表：「秦孝公十二年，初取小邑爲三十一縣令。（秦本紀作四十一。）十三年，初爲縣，有秩史。」漢書百官公卿表：「縣令長皆秦官，掌治其縣。萬户以上爲令，秩千石至六百石；減萬户爲長，秩五百石至三百石；皆有丞、尉，秩四百石至二百石。是爲長吏。百石以下有斗食、佐史之秩，是爲少吏。大率十里一亭，亭有長；十亭一鄉，鄉有三老，有秩嗇夫游徼。三老掌教化，嗇夫職聽訟，收賦稅，游徼徼巡禁賊盜。縣大率方百里，其民稠則減，稀則曠；鄉亭亦如之。」友人青陽洪自明誠曰：「百縣二字，除月令外，已早見於逸周書作雒解。左哀二年傳：『上大夫受縣，下大夫受郡。』周書、左傳皆郡在縣下。」禮鴻案：郡縣說又見定分篇。**則民行作不顧，休居不聽。**顧指服言，聽指聲言。「行作不顧，休居不聽」，行作休居互文，行作亦不聽，休居亦不顧也。**休居不聽，則氣不淫；行作不顧，則意必壹。意壹而氣不淫，則草必墾矣。**

無得取庸，則大夫家長不建繕，墨子兼愛中篇：「今家主獨知愛其家。」孫詒讓閒詁曰：「家主，謂卿大夫也。周禮春官叙官鄭注云：『家，謂大夫所食采地。』」**愛子不惰食，**漢書疏廣傳曰：「廣既歸鄉里，日令家共具設酒食，請族人故舊賓客與相娛樂。數問其家金尚餘幾所，趣賣以共具。居歲餘，廣子孫竊謂其昆弟老人廣所愛信者曰：『子孫幾及君時頗立産業基阯，今日飲食費且盡，宜從丈人所勸説君買田宅。』老人即以閒暇時爲廣言此計。廣曰：『吾豈老誖不念子孫哉？顧自有舊田廬，令子孫勤力其中，足以共衣食，與凡人齊。今復增益之，以爲贏餘，但教子孫怠惰耳。』」然則此之建繕，殆將遺愛子以資生之業歟？是即廣所云但教之怠惰矣。**惰民不窳而庸。**而庸屬上句絶，言不呰窳而爲人傭也。**民無所於食，是必農。大夫家長不建繕，則農事不傷；愛子惰民不窳，**俞樾曰：「此承上文而言，亦當作『愛子不惰食，惰民不窳』。因有兩惰字，寫者於上惰字下即接寫『民不窳』，遂并誤删上不字耳。」禮鴻案：此未是。不窳總愛子與惰民言之，言不窳，足以包不惰食矣。無煩增字。又，此文雖愛子惰民並言，而實側注惰民。**則故田不荒。**故田，舊田也。**農事不傷，農民益農，則草必墾矣。**簡書曰：「無得取庸，則大夫家長不建造修繕，則農時不奪。故下文申之曰：『大夫家長不建繕，則農事不傷。』管子輕重篇：『孟春既至，農事且起，大夫無得繕冢墓，理宫室，立臺榭，築牆垣；北海之衆無得聚庸而煮鹽。』夫齊本官山府海，敬仲且擅魚鹽利以伯齊，猶不許聚庸煮鹽以害農時而傷農。管、商同是法家，商子又專恃農戰圖强，其重視農時，令大夫家長不得取庸建繕，自屬必要。取應讀若聚。」禮鴻案：庸讀爲傭。

廢逆旅，國語晉語：「陽處父如衞，反過甯，舍於逆旅甯嬴氏。」韋昭注：「旅，客也。逆客而舍之也。」晉書潘岳傳：「時以逆旅逐末廢農，姦淫亡命，多所依湊，敗亂法度，敕當除之。岳議曰：『語曰：許由辭帝堯之命，舍於逆旅。外傳曰：晉陽處父過甯，舍於逆旅。魏武皇帝亦以爲宜，其詩曰：逆旅整設，以通商賈。然則自堯到今，未有不得客舍之法。唯商鞅尤之，固非聖世之所言也。』」**則姦僞、躁心、私交、疑農之民不行，**此爲來舍者。**逆旅之民無所於食，**嚴萬里曰：「秦本、范本作無以食，兹從元本。」禮鴻案：此爲逆旅主人。**則必農，農則草必墾矣。**後漢書百官志引風俗通曰：「漢家因秦，大率十里一亭。亭，留也。蓋行旅宿會（案漢書高帝紀顔師古注：「會當作食。」）之所館。亭吏舊名負弩，改爲長，或稱亭父。」然則行旅頓宿，官爲之處，故民所私設逆旅可廢也。又志言亭有亭長，以禁盜賊，蓋亦因秦之制。是以邪辟之民不得溷也。潘氏所譏，殆未攷當時之實。自明曰：「古有公館，有私館。（曾子問。）周書大聚篇之舍，周官遺人之路室候館，皆公館也。檀弓言夫子曰：『生於我乎館。』孟子稱樂正子館舍未定，觀遠臣以其所主，皆私館也。然羇旅之委積掌於遺人，則行旅之館古亦官爲之處可知矣。」

壹山澤，則惡農、慢惰、倍欲之民無所於食。無所於食則必農，農則草必墾矣。朱師轍曰：「壹山澤，謂專山澤之禁，不許妄樵采佃漁。倍欲，猶多欲也。」

貴酒肉之價，重其租，租，税也。**令十倍其樸。**樸猶本也。**然則商賈少，**白虎通義商賈篇：「商之爲言商也，商其遠近，度其有亡，通四方之物，故謂之商也。賈之爲言固也，固其有用之物，以待民來，以求其利者也。行曰商，止曰賈。」**農不能喜酣奭，**俞樾曰：「詩采芑篇『路車有奭』，毛傳：『奭，赤貌。』字亦作赩。瞻彼洛矣篇『韎韐有奭』，白虎通爵篇引作『韎韐有赩』，是也。奭爲赤貌。此以酣奭連文，蓋謂酒醉而面赤矣。」簡書曰：「農不能喜酣而面赤，文嫌宂瑣。竊疑喜應讀嬉遊無度之嬉，奭疑即大臣大字之重出而譌者。」禮鴻案：簡氏以俞説宂瑣，不爲無理。但大奭字形繁簡懸殊，且酣奭兩見，而簡一皆以爲賸字而欲删之，尤爲近誣。案詩大雅蕩曰：「内奰中國。」傳：「奰，怒也。不醉而怒謂之奰。」孔疏：「怒不由醉，而云不醉而怒者，以其承上醉事，嫌是醉時之怒，故辨之焉。」據孔氏説，則毛公此訓，由望文而生，凡怒皆得謂之奰，廣韻：「奰，怒也。」是也，不止不醉之怒也。此喜酣奭疑奭爲奰字之誤，謂醉而至怒，極言其沈湎也。喜當讀嬉，簡説是也。**大臣不爲荒飽。**七國攷引不下有能字。**商賈少，則上不費粟。民不能善酣奭，則農不慢。**王時潤曰：「善酣奭當依崇文本作喜酣奭。」禮鴻案：七國攷引亦作喜。**大臣不荒，則國事不稽，主無過舉。上不費粟，民不慢農，則草必墾矣。**漢書文帝紀：「酺五日。」文穎曰：「漢律：三人以上無故羣飲，罰金四兩。今詔橫賜，得令會聚飲食五日也。」唐律疏議名例疏曰：「魏文侯師於李悝，集諸國刑典造法經六篇：一，盗法；二，賊法；三，囚法；（囚，晉書刑法志作網。）四，捕法；五，雜法；六，具法。商鞅傳授，改法爲律。漢相蕭何，更加悝所造户興廄三篇，謂九章之律。」然則漢律因秦，三人無故羣飲罰金，其猶商君成法歟？

重刑而連其罪，朱師轍曰：「史記商君傳：『令民爲什伍，而相收司連坐。』司馬貞索隱：『一家有罪，而九家連舉發。若不糾舉，則十家連坐。』」禮鴻案：史記收司當作牧司。方言十二：「牧，察也。」余別有説。**則褊急之民不鬬，**説文：「急，褊也。」下一篆云：「𢤹，憂也。一曰：急也。」案：「急褊也」褊即下篆𢤹之假借。「𢤹憂也一曰急也」憂義無徵，憂依許書當作𢝊，蓋即急字之誤。急誤作𢝊，校者以未誤之本注其下云：「一曰：急也。」遂誤合之，非𢤹有兩義也。説文急𢤹互訓，此文褊急同義連文，𢤹急褊急同。又作弁急，段玉裁説。**很剛之民不訟，怠惰之民不游，費資之民不作，**自明曰：「怠惰費資皆承上事言。作，爲也。」**巧諛惡心之民無變也。**朱師轍曰：「無變，謂無變詐。」**五民者不生於境内，則草必墾矣。**

使民無得擅徙，嚴萬里曰：「秦本、范本作擅從，譌。元本作擅徙。」**則誅愚亂農農民無所於食而必農。**俞樾曰：「誅通作朱，莊子庚桑楚篇：『人謂我朱愚。』即此誅愚矣。太玄童次七：『修侏侏。』范望注曰：『侏佅，無所知也。』義與愚近。作誅作朱，並佅之叚字。説文金部：『錭，鈍也。』亦聲近而義通。」孫詒讓曰：「俞釋誅愚，是也。此疑當作『則誅愚亂農之民無所於食而必農』，之字草書與重文相似，故誤爲兩農字也。」禮鴻案：孫改農爲之，是也。誅愚之義，自俞氏讀爲佅愚，幾成定論，無復異議。惟王時潤雖用其説，而曰：「又案朱愚猶言譸張。」（此見王氏商君書研究，載湖南大學文哲叢刊卷一。）蓋始有疑乎俞説之未安。夫欲農不變業，惟在愚之。下云「愚農不知，不好學問，則務疾農」，即爲明驗。本章言愚心躁欲之民者，第重在躁欲，謂其躁欲易惑耳。謂愚魯可以亂農，殆甚難安。王氏疑之，不爲好異。特訓誅愚爲譸張，未有所據，故亦不自安耳。竊謂誅愚乃疊韻謰語，其義當求之於聲。蓋誅愚者，丵嶽、岝嶺、嵯峨、作鄂之轉，聲皆相同。説文丵下曰：「叢生艸也。象丵嶽相並出也。」文選木華海賦：「啟龍門之岝嶺。」李善注：「岝嶺，高貌。」嵯峨則即岝嶺之異文耳。爾雅釋天：「太歲在酉曰作噩。」開元占經引李巡、孫炎皆作作鄂。孫云：「物落而枝起之貌。」蓋謂草木方茂，則葉多枝重而垂；及葉既凋隕，則枝挺起也。然則出也、高也、起也並喬健之稱，誅愚云者，正謂桀巧之民，不安於農，且足以招愚心躁欲之民相與他務，故曰亂農耳。書盤庚中篇：「暫遇姦宄。」王引之曰：「四字並列，暫讀曰漸，漸，詐欺也。莊子胠篋篇：『知詐漸毒。』荀子正論篇：『上幽險，則下漸詐矣。』是詐謂之漸。遇讀隅睉智故之隅，字又作偶。淮南原道篇曰：『偶睉智故，曲巧僞詐。』皆姦邪之稱也。本經篇曰：『衣無隅差之削。』高誘注曰：『隅，角也。差，邪也。全幅爲衣裳，無有邪角。』衣邪謂之隅差，人邪謂之偶睉，聲義皆相近矣。（詳經義述聞三。）本篇誅愚，又即暫遇偶睉之轉。偶睉即暫遇誅愚之倒耳。權而論之，暫遇一詞，姦宄一詞，姦宄雙聲，暫遇轉自誅愚，丵嶽、嵯峨，初本疊韻也。暫遇變且分而爲莊荀之漸，漸字本義並非智詐；變且倒爲淮南之偶睉，偶字本義亦非姦邪。蓋義本依聲，不可拘執一字爲説。王氏説書四字各自爲義，蓋亦微誤也。今以暫遇解誅愚，則協於亂農之義矣。**愚心躁欲之民壹意，則農民必靜。農靜，誅愚，**簡書曰：「農靜誅愚下宜補亂農之民欲農六字。」**則草必墾矣。**王時潤曰：「此即管子使士農工商羣萃州處之遺法也。」

均出餘子之使令，以世使之，又高其解舍，解讀作廨。廣韻：「廨，公廨。」此蓋謹其出入，使不得游事人也。七國攷引作廨。或曰：「解舍爲戰國法制術語，謂免除兵役及其他徭役也。韓非子五蠹篇：『故事私門而完解舍。』可證解舍爲免除兵役。高其解舍者，提高免除兵役條件也。」存參。令有甬官食槩，甬官，主斗斛之官。禮記月令：「仲春角斗甬，正權概。」注：「甬，今斛也。概，平斗斛者。」概即槩字。此謂餘子在役者有主斗斛之官賦之食，而食則有概，不得多也。甬官與食槩文相對，或讀官食槩連文者，非也。不可以辟役，辟讀爲避。而大官未可必得也，則餘子不游事人，則必農。農則草必墾矣。自明曰：「周官小司徒：『大故致餘子。』先鄭謂羨卒，即民之子弟。後鄭以爲卿大夫之子。二説不同。實則餘子之名通貴賤，正以外皆爲餘。周官、周書、管子諸書餘子皆指民之子弟言，左宣二年傳及此文之餘子皆指卿大夫之子言。（孫疏獨於商君書失引。）此文云世使之，高其解舍，大官未可必得，又限其食粟，使不得辟役游事人，以迫之爲農，其爲世禄漸廢門閥既衰之卿大夫子顯然也。此文言世家子，下文言在位臣。」

國之大臣諸大夫，博聞、辯慧、游居之事皆無得爲，無得居游於百縣，則農民無所聞變見方。朱師轍曰：「家大人曰：『方當作放。農民不放效居游也。』」禮鴻案：此説是也。惟方字自有比方依效之義，無須改作放耳。朱氏父名孔彰，字仲我。農民無所聞變見方，則知農無從離其故事，而愚農不知，不好學問。愚農不知，不好學問，則務疾農。此下當有愚農疾農四字。知農不離其故事，則草必墾矣。

令軍市無有女子，朱師轍曰：「史記馮唐傳：『軍市之租，皆自用饗士。』索隱：『謂軍中立市，市有租。租即税也。』」**而命其商令人自給甲兵，**嚴萬里曰：「秦本、范本作自拾，此依元本。」**使視軍興。**王時潤曰：「視猶比也。」禮鴻案：軍市之商常倚軍之勢以巧偷豪奪，既仰於軍以取贏，故因多賦以軍實，亦所以抑之也。軍興之時，人給甲兵，平時則否；軍市之商，平時亦賦之。**又使軍市無得私輸糧者，則姦謀無所於伏，盜輸糧者不私稽，輕惰之民不游軍市。盜糧者無所售，送糧者不私，輕惰之民不游軍市，則農民不淫，國粟不勞，**勞謂耗折也。參農戰篇「此謂勞民」説。**則草必墾矣。**陶鴻慶曰：「私輸糧即下所云盜糧，謂姦民私售者也。輸糧者不私稽即下所云送糧，謂官役輸送者也。不私稽，謂予以程限，不得稽留也。輸糧上不當有盜字。（下文云：「令送糧無取僦，無得反庸，車牛輿重設必當名，然則往速徠疾，則業不敗農。」即輸糧者不私稽之義。）送糧者不私五字重複無義，當爲衍文。今輒正其文云：『又使軍市無得私輸糧，則姦謀無所於伏；輸糧者不私稽，則輕惰之民不游軍市。盜糧者無所售，輕惰之民不游軍市，則農民不淫，國粟不勞，則草必墾矣。』今本有脱文，有複文，遂不可曉。」

百縣之治一形，近人陳啟天曰：「刑，體制也。」**則從迂者不敢更其制，**孫詒讓曰：「下文有『迂者不飾，代者不更，則官屬少而民不勞』，則此當作『從迂不飾，代者不敢更其制』。今本脱不飾代三字，致與下文不相應。」王時潤依孫説補不飾代三字，曰：『從迂二字無義，當爲徙遷之譌。蓋徙俗作従，與從形近；遷俗作迁，與迂形近；故徙遷二字譌從迂耳。下文迂者亦遷者之譌。徙遷指舊令長言，猶今人所謂前任。代者指新令長言，猶今人所謂後任。此言百縣令長之政治須活動於同一法令形式之中，前任遷徙時固不得任意僞飾，後任替代時亦不敢借故紛更。』」**過而廢者不能匿其舉。**嚴萬里曰：「秦本作匿其過舉。」禮鴻案：「此蓋謂有過當廢者，人必舉之，不得匿也。」立本篇曰：「舉必得而法立。」亦謂舉其過也。下句「過舉不匿」，謂有過則必被舉發而不得匿，過舉二字不連讀。此句匿其舉，秦本作匿其過舉，過字乃校者誤讀下句而增之，不當從。過舉不匿，則官無邪人；迂者不飾，代者不更，則官屬少而民不勞。官無邪則民不敖，民不敖則業不敗，王時潤曰：「敖與遨通，謂遨游以避邪官也。」官屬少徵不煩，俞樾曰：「徵上當補則字，方與通篇文法一律。」民不勞則農多日。農多日，徵不煩，業不敗，則草必墾矣。

重關市之賦，則農惡商，惡爲商也。商有疑惰之心。農惡商，商疑惰，則草必墾矣。

以商之口數使商，令之廝輿徒重者必當名，王時潤曰：「吕氏春秋音初篇高誘注訓之爲其，此令之亦當爲令其。廝崇文本作斯，蓋之字舊注誤入正文者。」簡書曰：「廝即廝養，與輿徒同類。古制力役之徵除在官者惟奴隸廝輿之屬不當名。商君廢井田，力役數十倍於周制。鄭樵通志食貨略引漢孝武即位，董仲舒説上曰：『古者税民不過什一，其求易供；使民不過三日，其力易足。至秦則不然，用商鞅之法，又加月爲更卒，已復爲正。一歲屯戍，一歲力役，至三十倍於古』云云。（禮鴻案：此見漢書食貨志、通志録之爾。）然雖如是，而奴隸廝輿之屬仍不當名。如本書境内篇：『四境之内，丈夫女子皆有名於上，生者箸，死者削。其有爵者乞無爵者以爲庶子，級乞一人。其無役事，其庶子役其大夫月六日。其役事，隨而養之。』此有爵者所乞之一人，自然爲不當名之身。鞅以農戰圖强，雅不欲人口多流於傭奴以病國。故於有爵者方且限其庶子之數，而令民家富子壯分異，家貧子壯出贅，民有二男以上不分異者倍其賦。凡此皆欲驅民於本作，使爲國供役者衆。商賈貿遷有無，操奇計贏，其力足以蓄養惰民而爲之廝養或輿徒，即國家少一力農勤戰之良民，此豈商君所容許？故曰：『以商之口數使商，令之廝輿徒重者必當名。』蓋謂商之口數既依正供而輸役，即其廝養家丁，在官屬或農家不當名者，在商仍須輸役當名。重者必當名，言重出者即必令當名耳。此其意在困商，使商歸農，故下文緊接曰『則農逸而商勞』。」禮鴻案：簡説大體是也。然以重爲重出，則不知何者乃爲重出？若云商之廝役重出乃當名，則官與農之廝徒重出即不當名乎？愚謂重當作童。禮記檀弓：「與其鄰重汪踦往，皆死焉。」魯人欲勿殤重汪踦。」注：「重皆當爲童。」是其例也。説文：「男有辠曰奴，奴曰童。」童爲僮奴本字，廝輿徒童四字同類並列，輿徒亦不連讀。下章「車牛輿重設必當名」，重亦不作重出解。簡誤解彼文，故併此誤之耳。廝崇文本作斯，指海本同。此廝之古字，當是商君書舊本如此，後人以今字改之耳。王以爲誤，亦非也。文選沈休文奏彈王源：「罔計廝庶。」注：「漢書曰：『有廝養卒。』」薛傳均文選古字通疏證曰：「説文云：『斯，析也。』毛公陳風傳同。是爲廝者本主析薪，故廝字即從斯字得聲也。左傳哀二年杜預注『去廝役』，釋文作斯，云：『如字，字又作廝，音同。』蓋古者廝字多借斯爲廝，如周易旅初六爻辭『斯其所取災』王注云：『斯賤之役。』何休注公羊云：『艾草爲防者曰廝，汲水漿者曰役。』蘇林注漢書云：『廝，取薪者。』韋昭曰：『析薪曰廝。』斯與廝古今字耳。」漢書嚴助傳：「廝輿之卒。」顔師古曰：「廝，析薪者。輿，主駕車者。此皆言賤役之人。」廣韻：「徒，隸也。」者疑當作皆，當名猶言應役也。**則農逸而商勞。農逸則良田不荒，商勞則去來賫送之禮無通於百縣。**廣韻：「賫，遺也，送也。賫，俗。」七國攷引作齎。**則農民不饑，**良田不荒故。饑當作飢。説文：「穀不孰爲饑。飢，餓也。」義別。後放此。**行不飾。**齎送無通於百縣故。飾，爲淫服觀美也。**農民不饑，行不飾，則公作必疾，而私作不荒，則農事必勝。**勝，任也，堪也。**農事必勝，**陶鴻慶曰：「必字涉上句而衍。」**則草必墾矣。**

令送糧無取僦，無得返庸，庸讀爲傭。玉篇：「僦，賃也。傭，賃也。」往曰僦，返曰庸，文相避耳。此謂送糧之車無論往返皆不得私受人載而取值，致載重行遲也。**車牛輿重設必當名，**牛以挽車輿者。漢書韓安國傳：「王恢李息別從代主擊輜重。」顔師古曰：「重，謂載重物車也。」車牛皆徵發之，則載少車輕行速。**然則往速徠急，則業不敗農。業不敗農，則草必墾矣。**

無得爲罪人請於吏而饟食之，爾雅釋詁：「饟，饋也。」郝懿行義疏曰：「説文云：『饋，餉也。』漢書食貨志及後漢書章帝紀注並云：『饟，古餉字。』玉篇餉式亮切，饟式尚式章二切。是饟餉聲義同。」**則姦民無主。姦民無主，則爲姦不勉，農民不傷。姦民無樸。姦民無樸，則農民不敗。農民不敗，則草必墾矣。**俞樾曰：「勉當爲免，言爲姦者不得免也。樸之言樸屬也。考工記鄭注：『樸猶附著，堅固貌也。』字通作僕。詩：『景命有僕。』毛傳：『僕，附也。』姦民無樸，謂姦民無所附屬也。」禮鴻案：姦民無樸即姦民無主，主如孔子於衞主顔讎由之主。農民不敗即農民不傷。此於文複緟無理，疑舊有二本，一本作：「無得爲罪人請於吏而饟食之，則姦民無主。姦民無主，則爲姦不勉，農民不傷。農民不傷，則草必墾矣。」一本作：「無得爲罪人請於吏而饟食之，則姦民無樸。姦民無樸，則爲姦不勉，農民不敗。農民不敗，則草必墾矣。」校者附記姦民無樸至第二農民不敗二十一字於農民不傷之下，以承則姦民無主之則字，而其中脱去爲姦不勉四字，又相承脱去農民不傷四字；其後兩文誤合爲一，致今本不可讀耳。勉即務勉之勉，不當改免。

農戰第三

商君之道，農戰而已矣。致民農戰，刑賞而已矣。使刑賞必行，行而必得所求，定分明法而已矣。他無事矣。本師鍾先生曰：「農者著於土，則不易散；少於智慮，則不能詐。不散則壹，不詐則樸。民壹且樸，斯一任上之所用，而無有不從矣。是處彊國兵争之世而欲自存以得志於天下者，不可不由之道也。」又曰：「人知戰之所以定外也，不知戰之所以安内也。」是又深探商君之用心以爲言也。案吕氏春秋上農篇曰：「古先聖王之所以導其民者，先務於農。民農，非徒爲地利也，貴其志也。民農則樸，樸則易用。易用（用字依畢沅據御覽補。）則邊境安，主位尊。民農則重，重則少私義。少私義則公法立，力專一。民農則其産復，（讀如禮記月令「水澤腹堅」之腹，厚也。）其産復則重徙。重徙則死其處而無二慮。民舍本而事末則不令，不令則不可以守，不可以戰。民舍本而事末則其産約，其産約則輕遷徙，輕遷徙則國家有患皆有遠志，無有居心。民舍本而事末則好智，好智則多詐，多詐則巧法令，以是爲非，以非爲是。」言重農之意甚悉，故並録焉。

凡人主之所以勸民者，官爵也；國之所以興者，農戰也。今民求官爵皆不以農戰，而以巧言虛道，此謂勞民。朱師轍曰：「廣雅曰：『勞，嬾也。』」禮鴻案：敝精力於無用，故曰勞民。勞民者，勞其民也。勞民者，其國必無力；無力，則其國必削。善爲國者，其教民也，皆作壹而得官爵。此猶言民欲得官爵，必先作壹。作壹二字不誤，俞樾欲改爲從壹空三字，非。是故不官無爵。簡書曰：「不官無爵，文意晦塞不完。疑是故下脱非疾農力戰五字。」國去言，則民樸；民樸則不淫。民見上利之從壹孔出也，朱師轍曰：「荀子議兵：『秦民所以要利於上者，非戰無由也。』所謂利出一孔。」則作壹；作壹，則民不偷營。營，求也，謀也。苟且曰偷，不務農戰而謀爲他務，是偷營也。民不偷營則多力，多力則國彊。今境内之民皆曰農戰可避而官爵可得也，是故豪傑皆可變業，務學詩、書，隨從外權，上可以得顯，下可以求官爵；要靡事商賈，爲技藝；皆以避農戰。王時潤曰：「要靡當讀爲幺麽。鶡冠子以幺麽與俊雄對舉，與此以豪傑與要靡對言同義。」禮鴻案：王説是也。漢書叙傳：「又況幺麿尚不及數子。」鄭氏曰：「麿音麽，小也。」顔師古曰：「鄭音是也。幺麽皆微小之稱也。」要與幺，靡與麿麽皆同聲。具備，國之危也。

靳令篇：「外交以備，國之危也。」與此文大同，所未詳也。簡書曰：「具備二字，即謂豪傑事詩書要靡爲商賈事技藝等情事均具備也。」民以此爲教者，其國必削。

善爲國者，倉廩雖滿，不偷於農；國大民衆，不淫於言，則民樸壹。民樸壹，則官爵不可巧而取也。不可巧取，則姦不生，姦不生則主不惑。今境内之民及處官爵者，見朝廷之可以巧言辯説取官爵也，故官爵不可得而常也。是故進則曲主，韓非子忠孝篇：「天下皆以孝悌忠順之道爲是也，而莫知察孝悌忠順之道而審行之，是以天下亂。皆以堯舜之道爲是而法之，是以有弑君，有曲父。」曲主曲父曲字義同。南通王駕吾先生（焕鑣）曰：「曲父謂欺詐其父也，曲主謂欺其主也。淮南子脩務訓：『而曲故不得容者。』注：『曲故，巧詐也。』是曲有欺詐義。」退則慮私所以實其私，王時潤曰：「慮下私字衍文。」然則下賣權矣。賣權於下也。夫曲主慮私，非國利也，而爲之者，以其爵禄也；禮記王制：「王者之制禄爵。」注：「禄，所受食也。爵，秩次也。」下賣權，非忠臣也，而爲之者，以末貨也。陶鴻慶曰：「末乃求字之誤。」然則下官之冀遷者皆曰：「多貨，則上官可得而欲也。」曰：「我不以貨事上而求遷者，則如以狸餌鼠爾，必不冀矣。若以情事上而求遷者，情，實也。則如引諸絶繩而求乘枉木也，嚴萬里曰：「乘秦本作繩，疑誤。」禮鴻案：枉疑當作杠。爾雅釋天：「素錦綢杠。」郭璞注：「以白地錦韜旗之竿。」是杠即竿木，言緣繩以升竿木，繩絶則不得上也。愈不冀矣。二者不可以得遷，則我焉得無下動衆取貨以事上而以求遷乎？」淮南子主術篇：「貪主暴君，撓於其下，侵漁其民，以適無窮之欲。」撓即動也。方言：「賦，動也。」郭璞注曰：「賦斂足以擾民也。」賦即取貨，其義與動相成。百姓曰：「我疾農，先實公倉，收餘以食親，爲上忘生而戰，以尊主安國也。倉虚主卑家貧，然則不如索官。」索，求也。親戚交游合，謂其見同。則更慮矣。豪傑務學詩、書，隨從外權；要靡事商賈，爲技藝，皆以避農戰；民以此爲教，則粟焉得無少，而兵焉得無弱也？

善爲國者，官法明，故不任知慮；準法而已。上作壹，故民不偸營；嚴萬里曰：「秦本作不營私。」禮鴻案：秦本誤，此當作不偸營。則國力摶。摶，聚而凝也。嚴萬里曰：「案：摶古與專通。左傳：『若琴瑟之摶一。』呂氏春秋：『不收則不摶。』註：『入不專一也。』史記田齊世家：『摶三國之兵。』註：『握領也。』秦本、范本作博，摶、博形近致誤。今從元本，下同。」國力摶者彊，國好言談者削。故曰：農戰之民千人，而有詩、書辯慧者一人焉，千人者皆怠於農戰矣。農戰之民百人，而有技藝者一人焉，百人者皆怠於農戰矣。國待農戰而安，主待農戰而尊。夫民之不農戰也，上好言而官失常也。常官則國治，壹務則國富。國富而治，王之道也。故曰：王道作外身作壹而已矣。嚴萬里曰：「案外字疑誤。」陶鴻慶曰：「此當云王道以身作壹而已矣。作字涉下而衍，以字隸書作㠯，因誤爲外耳。」王時潤曰：「上作字當爲不字之譌。」朱師轍曰：「按廣雅：『外，表也。』王道當作天下表率，以身作壹而已矣。」禮鴻案：廣雅之表乃表裏之表，非表率之表，朱説似是而實非。此蓋當作王道外言作壹而已矣。外，謂斥遠之。外言即去言。去言作壹，乃本篇之要旨也。管子明法篇：「所以禁過而外私也。」尹知章注：「外，遺也。」今上論材能知慧而任之，國語齊語：「論比協材。」韋昭注：「論，擇也。」呂氏春秋當染篇：「故古之善爲君者，勞於論人。」高誘注：「論猶擇也。」則知慧之人希主好惡，使官制物，以適主心；官職有常，器用有數。使與制皆謂能左右之，謂變亂官常。是以官無常，國亂而不壹。辯説之人而無法也。嚴萬里曰：「案：辯説上當有脱文。」如此，則民務焉得無多，而地焉得無荒？詩、書、禮、樂、善、修、仁、廉、辯、慧，國有十者，上無使戰守。國以十者治，敵至必削，不至必貧。國去此十者，敵不敢至，雖至必却。興兵而伐，必取；按兵不伐，必富。國好力者以難攻，以難攻者必興；好辯者以易攻，以易攻者必危。好力者、好辯者下，陳啟天並據説民篇補曰字。案：不補亦可。難攻易攻，解見説民篇。

故聖人明君者，非能盡其萬物也，嚴萬里曰：「秦本、范本作非盡能。」陶鴻慶曰：「其當作知。」知萬物之要也。故其治國也，察要而已矣。今爲國者多無要，朝廷之言治也，紛紛焉務相易也，是以其君惛於説，説文：「惛，不憭也。」其官亂於言，其民惰而不農。故其境内之民皆化而好辯樂學，事商賈，爲技藝，避農戰。如此，則不遠矣。言去危亡不遠也。國有事，則學民惡法，商民善化，技藝之民不用，故其國易破也。夫農者寡而遊食者衆，故其國貧危。今夫螟螣蚼蠋，爾雅釋蟲：「食苗心，螟；食葉，蟘。」説文：「蟘，蟲食苗葉者。」引詩「去其螟蟘」。今毛詩小雅大田作「去其螟螣」。陸璣詩疏：「螣，蝗也。」説文螣訓神蛇，是螣爲蟘之借也。蠋者，詩豳風東山傳曰：「桑蟲也。」蚼者，説文曰：「北方有蚼犬，食人。」義與螟螣蠋不屬。方言卷十一：「蚍蜉，齊魯之間謂之蚼蟓，西南梁益之間謂之玄蚼。」則以二字爲名，亦非此蚼字義。疑蚼當爲蝎，曷旁上半漫滅，遂誤爲蚼也。釋蟲：「蝎，蛣蝠。」郭注：「水中蠹。」又：「蝤蠐，蝎。」郭注：「在木中。」又：「蝎，桑蠹。」郭注：「即蛣蝠。」是螟螣皆食禾之蟲，蝎蠋皆蠹木之蟲，各爲類也。而孫詒讓則曰：「御覽八百二十二資産部引蚼作蚵，注云：『胡多切。』則今本作蚼，乃傳寫之誤。爾雅釋蟲：『蛶，螪何。』釋文云：『何本或作蚵，音河。』又有『蚅，烏蠋』。蚵蠋疑即烏蠋，蚵烏一聲之轉。莊子庚桑楚篇『藿蠋』，釋文引司馬彪云：『豆藿中大青蟲也。』即此。」今案：玉篇蚵下曰：「蚵蠪，蜥易。」本廣雅釋魚。爾雅：「蛶，螪何。」何或作蚵。說文：「蛶，商何。」元刻本玉篇：「蛶，螪蚵。」段玉裁、郝懿行以爾雅釋文「螪，字林之亦反」訂螪作蝪，商作啻。郝曰：「集韻引爾雅『蛶，蝪何』，亦以爲蜥易類也。蓋螪字作蝪，依呂忱音正蜥易之合聲，集韻說是。」詳此諸書，蚵蠪與螪蚵同爲蜥易之名，而蚵則未聞。考廣韻平聲七歌下云：「蛶蠪。」不知當爲何讀。蛶蓋蛶之誤，餘有缺脱耳。又十三末蛶下云：「蚵蛶蟲。」似蚵即是蛶，而又螪蚵之省稱也。是作蚵者與螟螣蠋絶不爲類，雖孫君所校，殆不可從也。且晉書庾峻傳云：「有處士之名而無爵列於朝者，商君謂之六蝎，韓非謂之五蠹。」六蝎不見商君書，蓋即六蝨，别本作蝎耳。然則商君嘗用蝎比病國之民，謂此蚼謂蝎誤，猶當視孫説爲近也。又案：帝範務農篇注（武英殿叢書本。舊唐書敬宗紀：「寶曆二年，祕書省著作郎韋公肅注太宗所撰帝範十二篇進。」疑今注即韋注。）引商子曰：「今夫蛆螣蚼蠋，春生秋死，一出而數年不食。」又曰：「此其爲蛆螣蚼蠋亦大矣。」蛆並螟字之誤。

春生秋死，一出而民數年不食。今一人耕而百人食之，此其爲螟螣蚼蠋亦大矣。雖有詩、書，鄉一束，家一員，簡書曰：「員字疑誤。」禮鴻案：員未詳。獨無益於治也，獨指海本依御覽八百二十二改猶。孫詒讓曰：「帝範注引亦作猶。」非所以反之之術也，嚴萬里曰：「秦本、范本少一之字。」故先王反之於農戰。故曰：百人農一人居者王，十人農一人居者彊，半農半居者危。故治國者欲民之農也。國不農，則與諸侯爭權，不能自持也，則衆力不足也。故諸侯撓其弱，乘其衰，土地侵削而不振，嚴萬里曰：「范本土作大，訛。」則無及已。聖人知治國之要，故令民歸心於農。歸心於農，則民樸而可正也，紛紛則易使也，則當爲者。信可以守戰也。壹則少詐而重居，壹則可以賞罰進也，壹則可以外用也。外用，戰也。夫民之親上死制也，以其旦暮從事於農。朱師轍曰：「禮記：『士死制。』鄭玄注：『謂君教令所使爲之。』」夫民之不可用也，見言談游士事君之可以尊身也，商賈之可以富家也，技藝之足以餬口也。春秋左氏隱十一年傳：「餬其口於四方。」杜預注：「餬，鬻也。」民見此三者之便且利也，則必避農，避農則民輕其居。嚴萬里曰：「范本作避農戰，不疊避農字。」禮鴻案：此不當有戰字，范本非。輕其居，則必不爲上守戰也。

凡治國者，患民之散而不可摶也，嚴萬里曰：「秦本、范本摶作搏，與前作博並以形近致訛。下同。」是以聖人作壹摶之也。國作壹一歲者十歲彊，作壹十歲者百歲彊，作壹百歲者千歲彊，千歲彊者王。俞樾曰：「本篇作壹字屢見，此文四言作壹，乃一篇之大指也。」君修賞罰以輔壹教，是以其教有所常而政有成也。不修賞罰則教不可常，是商君所以爲法家矣。王者得治民之要，故不待賞賜而民親上，不待爵禄而民從事，不待刑罰而民致死。刑賞用於平時，有事則民自效矣。國危主憂，説者成伍，無益於安危也。夫國危主憂也者，彊敵大國也。人君不能服彊敵破大國也，則修守備，便地形，摶民力，以待外事，然後患可以去而王可致也。是以明君修政作壹，去無用，止浮學事淫之民壹之農，然後國家可富而民力可摶也。今世主皆憂其國之危而兵之弱也，而彊聽説者。説者成伍，煩言飾辭而無實用。嚴萬里曰：「秦本、范本作章無用，訛。今依元本。」禮鴻案：孫星衍本、指海本亦作章無用。俞樾曰：「章乃竟字之誤。」是也。元本作無實用，乃因竟字既誤而肊改，不足據。主好其辯，不求其實，説者得意，道路曲辯，輩輩成羣。民見其可以取王公大臣也，而皆學之。夫人聚黨與説議於國紛紛焉，小民樂之，大臣説之，説讀爲悦。故其民農者寡而游食者衆，衆則農者殆，農者殆則土地荒。不勞而食者衆，故農者更慮。殆讀作怠。賈子新書道術篇：「志操精果謂之誠，反誠爲殆。」意林引作「農者少而遊食者衆，遊食者衆則農怠，農怠則治荒」。作怠者，以本字易假借字。學者成俗，則民舍農從事於談説，舍，去也。高言僞議，舍農游食而以言相高也。舍農游食而以言相高也十字，乃後人解釋「則民舍農從事於談説，高言僞議」數句之語誤入正文。故民離上而不臣者成羣。此貧國弱兵之教也。夫國庸民以言，則民不畜於農。庸，用也。畜猶止也。故惟明君知好言之不可以彊兵闢土也，惟聖人之治國，作壹摶之於農而已矣。

嚴可均曰：「治要載商君子立法、修權、定分三篇，今本無立法篇。審其文義，似即更法篇後半之佚文。否則墾令、農戰二篇之後去强篇之前當是立法第四。今本第四、五、六之次皆校者遞改也。」又曰：「覆觀之，定是第四篇。他日刊板，當移正。」又曰：「案治要有立法一篇，當補於此。」禮鴻案：嚴説並無確據，今依指海本附録第五卷之末。

去彊第四

此與説民、弱民二篇義指並同。去彊者，國有民而不可用，是民之彊也。故當去其彊，非謂欲民之無力也，欲其制於我用於我耳。又曰弱民，其意一也。近蒙季甫作商君書説民弱民篇爲解説去彊篇刊正記，其言犂然有當。愚既酌其説以校釋此三篇，仍附其文於本書之末，俾覽者得參考云。

以彊去彊者弱，以弱去彊者彊。民不從令曰强，從令曰弱。治國在去民之强。然去之以使民得强之道，則不足以去其强；惟以弱之之道，則强可去。故以强去强則國弱，以弱去强則國强也。禮樂、詩書、善修、孝弟、廉辯之屬，胥所謂使民得强之道也。上句意林引作以强去弱者弱，謬。

國爲善，姦必多。弱民有解，而其文脱亂不可讀。説在彼篇。

國富而貧治，曰重富；重富者彊。國貧而富治，曰重貧；重貧者弱。富而不使民得淫佚，曰國富而貧治也。

兵行敵所不敢行，彊；事興敵所羞爲，利。

主貴多變，國貴少變。主貴多變，術也；國貴少變，法也。法家三義，曰法、術、勢。商君特多言法，未嘗廢術、勢也。

國多物，削；主少物，彊。千乘之國守千物者削。陶鴻慶曰：「少物上主字涉上文而衍。守千物者削當作『守一者强，守十者削』。弱民篇云：『故主貴多變，國貴少變。利出十孔，則國多物；利出一孔，則國少物。（今本一十二字互誤，説見本條。）守一則治，守十則亂。治則强，亂則弱。』與此文有詳略，義則一也。」王時潤曰：「主當作國，多少二字宜互易。弱民篇云：『利出一孔，則國多物；出十孔，則國少物。守一者治，守十則亂。治則彊，亂則弱。彊則物來，弱則物去。故國致物者彊，去物者弱。』可證此處以『國少物，削；國多物，彊』爲是。」又説守千物者削曰：「疑當作守一則興，守十則削。」禮鴻案：陶、王二説相反，今取王説。説見弱民篇。

戰事兵用曰彊，朱師轍曰：「曰疑國字之誤。」**戰亂兵息而國削。**戰亂未詳。弱民篇曰：「事亂而戰，故兵農怠而國弱。」明此息字當作怠。戰事兵用，即事戰用兵也。

農、商、官三者，國之常官也。三官者生蝨官者六：曰歲、曰食、曰美、曰好、曰志、曰行。六者有樸，必削。三官之樸三人，六官之樸一人。嚴萬里曰：「范本無曰美句，好上有玩字，行下有闕文三字。」孫詒讓曰：「魏仲舉五百家集注韓文六瀧吏詩注引曰美作曰玩，則南宋蓋與范本同。」俞樾曰：「蓋歲也食也，農之蝨也；美也好也，商之蝨也；志也行也，官之蝨也。」王時潤曰：「官字疑當作工。尚書堯典：『允釐百工。』史記五帝本紀作信飭百官，漢書律曆志作允釐百官。是即官工音近義通之證。志字無義，疑苦字之譌。史記匈奴傳：『不備苦惡。』集解引韋昭云：『苦，麤也。』唐書韓琬傳：『器不行窳。』音義云：『不牢曰行，苦惡曰窳。』故苦與行皆爲工之蝨也。讀者不達行字之義，疑爲當讀去聲，遂改苦爲志，又改工爲官，而其義乃不可通矣。又案：弱民篇文略同，但於三官生蝨六句上多『農闢地，商致物，官法民』三句；呂氏春秋上農篇則作『農攻粟，工攻器，賈攻貨』，高誘注云：『攻，治也。』彼以農工賈並言，故余疑官爲工之譌。」禮鴻案：國之常官，廣韻曰：「官，事也。」謂國中執業者也。行者，韓非子亡徵篇：「貴私行而賤公功者，可亡也。」王疑工爲官誤云云，於弱民篇「官法民」、「志行爲卒」、「官設而不用」等句皆不可通。且本篇云：「貴人貧，農貧，商貧，三官貧，必削。」工非三官之一明矣。不得蔓引呂氏春秋爲說。樸見墾令。三官之樸云云未詳。

以治法者彊，以治政者削。當作以治去治者彊，以治致治者削。說見靳令篇。**常官治者遷官。**嚴萬里曰：「范本治者作法去，訛。」王時潤曰：「崇文本亦作法去。」禮鴻案：指海本亦作法去。此疑當作常官治去，遷官事生；(或至)或常官治省，遷官治大。者爲省字形近之誤，治大二字則涉下文脫去也。謂官法有常則治少，紛更則治多。

治大，國小；治小，國大。治大治小，猶治多治少也。

彊之重，削；弱之重，彊。夫以彊攻彊者亡，以弱攻彊者王。嚴萬里曰：「秦本、范本作攻弱，此依元本。」

國彊而不戰，毒輸於內，禮樂蝨官生必削。國遂戰，毒輸於敵，國無禮樂蝨官，必彊。靳令篇有「國貧而務戰，毒生於敵，無六蝨，必彊；國富而不戰，偷生於內，有六蝨，必弱」二十八字，與上下文義不屬，簡書謂殆從去彊篇誤而重出，是也。彼國富而不戰云云，即此之「國彊而不戰，毒輸於內，禮樂蝨官生，必削」也。簡氏釋彼文曰：「國富而不戰，如孟子所謂無敵國外患，而驕惰淫佚之弊生，則六蝨備具，不弱而亡何待？驕惰淫佚，偷也。偷非他人所贈予，亦非國外所輸入，故曰生於內。」其說甚達。然則於內當曰生，於敵當曰輸，去彊概作輸，靳令概作生，並非文理所宜。

舉榮任功曰彊。嚴萬里曰：「案榮字疑誤。」陶鴻慶曰：「榮蓋勞字之誤。錯法篇云：『用必出於其勞，賞必加於其功。』是其證也。算地篇云：『論榮舉功以任之。』榮亦當作勞。」簡書曰：「榮疑當作勞。修權篇云：『授官予爵不以其勞，則忠臣不進。』可證。」蝨官生必削。農少商多，貴人貧商貧農貧，三官貧必削。自明曰：「農爲本，商爲末。農少商多，但有貿遷而食不足。食之者衆，生之者寡，日久枯竭，不獨貴人貧農貧，而商亦貧矣。故曰三官貧必削。」

國有禮、有樂、有詩、有書、有善、有修、有孝、有弟、有廉、有辯，國有十者，上無使戰，必削至亡；國無十者，上有使戰，必興至王。國以善民治姦民者，必亂至削；國以姦民治善民者，必治至彊。說在說民篇。說民曰：「以良民治，必亂至削；以姦民治，必治至彊。」明此兩治字下姦民、善民並後人所加也。說民曰：「章善則過匿，任姦則罪誅。」陳啟天曰：「以良民治，謂以治良民之法治民也。以姦民治，謂以治姦民之法治民也。」語似是而實非書指。**國用詩、書、禮、樂、孝、弟、善、修治者，敵至必削，國不至必貧。**陶鴻慶曰：「不至上衍國字。」禮鴻案：農戰篇：「詩、書、禮、樂、善、修、仁、廉、辯、慧，國有十者，上無使戰，國以十者治，敵至必削，不至必貧。」亦無國字。**國不用八者治，敵不敢至，雖至必却。興兵而伐，必取，取必能有之；按兵而不攻，必富。**

國好力，曰以難攻；國好言，曰以易攻。俞樾曰：「兩日字乃曰字之誤。說民篇：『國好力，曰以難攻；國好言，曰以易攻。』文與此同，可據以訂正。」王時潤曰：「靳令篇云：『國好力，此謂以難攻；國好言，此謂以易攻。』曰字之義與此謂同，作日則不可通矣。」禮鴻案：嚴萬里校本說民篇亦誤作日，指海本作曰，與俞所據本同。俞所據，孫星衍本也。**國以難攻者，起一得十；**出少得多。**以易攻者，出十亡百。**出多而失愈多。

重罰輕賞，則上愛民，民死上；重賞輕罰，則上不愛民，民不死上。興國行罰，民利且畏；行賞，民利且愛。何謂輕賞？賞必當其功勞，不濫也。夫重罰則民畏法，輕賞則冀幸之心絕，故能死上之事也。謂之上愛民，於子產論政寬猛見之。裴松之三國志注引諸葛亮答法正曰：「威之以法，法行則知恩。限之以爵，爵加則知榮。」即商君之說也。在於本書，則如開塞所云：「正民者，以其所惡，必終其所好；以其所好，必敗其所惡。」亦足與此相發。利如知者利仁之利。行罰而民利者，說民篇云：「罰重，爵尊」故也。嚴萬里曰：「舊本此下有『行刑重其輕者，輕其重者，輕者不生，重者不來』十八字，與靳令篇同，而文誼未全，今從秦本刪去。」王時潤曰：「崇文本亦有行刑以下十八字。」禮鴻案：指海本亦有。今依蒙氏說，此文當有。唯輕其重者四字乃衍文，當刪。說見靳令。又當移後文「以刑去刑，國治；以刑致刑，國亂。故曰：行刑重輕，刑去事成，國彊；重重而輕輕，刑至事生，國削。刑生力，力生彊，彊生威，威生惠，惠生於力。舉力以成勇戰，以成知謀」數語接於此重者不來之下，説見前。彼文微錯，仍校於彼。**國無力而行知巧者必亡。**此之謂「國好言，曰以易攻。以易攻者，出十亡百」也。

怯民使以刑，必勇；勇民使以賞，則死。效死也。**怯民勇，勇以死，**簡書曰：「范本勇以死作勇民死。」禮鴻案：指海本亦作民。**國無敵者彊。彊必王。**

貧者使以刑則富，富者使以賞則貧。治國能令貧者富，富者貧，則國多力。多力則王。民貧則國貧，民富而不歸於上，國仍貧，且有蝨。故民貧不可，富亦不可也。史記本傳變法之令曰：「大小僇力本業耕織，致粟帛多者，復其身。（使民出財貨以取爵賞，則民貧而國富。本篇下文曰：「粟爵粟任則國富。」壹言篇曰：「富者廢之以爵，不淫。」）事末利及怠而貧者，舉以爲收孥。」即使富者貧，貧者富之法也。收孥，史記索隱曰：「收録其妻子，没爲官奴婢。」

王者刑九賞一，彊國刑七賞三，弱國刑五賞五。國作壹一歲，十歲彊；作壹十歲，百歲彊；作壹百歲，千歲彊。千歲彊者王。賞一謂之作壹。

威以一取十，以聲取實，先聲奪人。**故能威者王。**力生强，强生威。國好力，曰以難攻。以難攻者，起一得十。**能生不能殺，曰自攻之國，必削；能生能殺，曰攻敵之國，必彊。故攻官、攻力、攻敵，國用其二，舍其一，必彊；令用三者，威必王。**朱師轍曰：「攻官，謂去蝨官。」禮鴻案：攻官、攻力則能生力；攻敵則能殺力。殺，減也。攻官則官吏從制，攻力則民不淫，此二者皆以去蝨官。令用三者，令或合字之誤。

十里斷者國弱，九里斷者國彊。嚴萬里曰：「九當作五，下説民篇亦作五。」禮鴻案：嚴説是也。**以日治則王，以夜治者彊，以宿治者削。**並解在説民篇。

舉民衆口數，生者著，死者削。朱師轍曰：「此户籍之法也。舉凡民衆户口之數，生者著於籍，死者削其名。户籍可考，故民不逃粟，而土地盡墾。逃粟，逃賦税也。孟子有粟米之征，趙岐注：『兵糧也。』」禮鴻案：自此以下並因上貧富强弱之説而推言之，其文易明，故無釋也。蒙氏疑爲别篇文，非也。**民無逃粟，野無荒草，則國富。國富則彊。**嚴萬里曰：「自舉民衆口數以下，一切舊本多凌亂脱誤，今從葉校本乙增。」**以刑去刑，國治；以刑致刑，國亂。故曰：行刑重輕，刑去事成，國彊；重重而輕輕，刑至事生，國削。刑生力，力生彊，彊生威，威生惠，惠生於力。舉力以成勇戰，戰以成知謀。**王時潤曰：「下戰字當衍。靳令篇云：『國以功授官予爵，此謂以盛勇戰，以盛知謀。』」禮鴻案：惠生於力，猶惠生於刑矣。以成勇戰，以成知謀，成當依靳令讀作盛。兵守篇曰：「慎使三軍無相過，此盛力之道。」盛字義與此同。知謀倚於强力，無力而用知，可偷取於一時，未能十舉不失也。又此文當移前，説已見。**金生而粟死，粟死而金生。**嚴萬里曰：「秦本作粟生而金死，金死而粟生。」朱師轍曰：「粟死而金生當作金死而粟生，方與下文義合。」禮鴻案：下文曰：「金一兩生於竟内，粟十二石死於竟外。粟十二石生於竟内，金一兩死於竟外。國好生金於竟内，則金粟兩死，倉府兩虚，國弱。國好生粟於竟内，則金粟兩生，倉府兩實，國彊。」據國好生粟則金粟兩生之云，則此二句當作金生而粟死，粟生而金生，不疑也。蓋生金爲以我之粟易境外之金，故粟死於境外。生粟或可以我之金易境外之粟，則金死於境外矣。然而當知生粟不必爲以我之金易人之粟，驅民於農，乃生粟之大者也。使我生粟有餘，不妨以有餘之粟易境外之金，故金粟兩生也。商君蓋以生粟爲本，而生金爲末。務本則末從而生，事末則本爲之蹶，此其主旨。境内、境外之生死，特其枝流，固不得持以奪此旨也。**本物賤，事者衆，買者少，農困而姦勸，**本物，粟也。事者衆，買者少，故賤矣。故農困而爲姦事者勸，且農亦將務姦事以自活，然則粟無從生矣。姦，謂商賈奇技淫巧也。然非患事者衆，患買者少也。孰當買之？蓋上買之也。墾令曰：「使商無得糴，農無得糶。」（當作商無得糴，農無得糶。）謂民間糶糴無得自便也。漢書食貨志載李悝之法曰：「糴甚貴傷民，甚賤傷農。民傷則離散，農傷則國貧。故甚貴與甚賤，其傷一也。善爲國者，使民無傷而農益勸。今一夫挾五口，治田百畮，歲收畮一石半，爲粟百五十石。除十一之稅十五石，餘百三十五石。食人月一石半，五人終歲爲粟九十石，餘有四十五石。石三十，爲錢千三百五十。除社閭嘗新春秋之祠用錢三百，餘千五十。衣人率用錢三百，五人終歲用千五百，不足四百五十。不幸疾病死喪之費，及上賦斂，又未與此。此農夫所以常困，有不勸耕之心，而令糴甚貴者也。是故善平糴者，必謹觀歲有上中下孰。上孰其收自四，餘四百石。（張晏曰：「平歲百畮收百五十石，今大孰，四倍，收六百石。計民食終歲長四百石。」）中孰自三，餘三百石。（張晏曰：「自三，四百五十石也。終歲長三百石。」）下孰自倍，餘百石。（張晏曰：「自倍，收三百石。終歲長百石。」）小饑則收百石，中饑七十石，大饑三十石。故大孰則上糴三而舍一，中孰則糴二，下孰則糴一。使民適足，賈平則止。小饑則發小孰之所斂，中饑則發中孰之所斂，大饑則發大孰之所斂而糶之。故雖遇饑饉水旱，糴不貴而民不散，取有餘以補不足也。」商君受李悝法經以相秦，平糴之法，或亦嘗酌取爾。自上糴粟，此謂生粟之道也已。**其兵弱，國必削至亡。金一兩生於竟內，粟十二石死於竟外。粟十二石生於竟內，金一兩死於竟外。國好生金於竟內，則金粟兩死，倉府兩虛，國弱。**嚴萬里曰：「舊本無國弱及下文國彊四字，案楊愼丹鉛別録、文集四十六引並有，今據增。」禮鴻案：錢熙祚刻指海本，所據本此無弱字，下文無國字。錢氏依御覽補之。說文：「倉，穀藏也。」曲禮：「在府言府。」鄭注：「府，謂寶藏貨賄之處。」是倉以貯粟，府以貯金也。**國好生粟於竟內，則金粟兩生，倉府兩**

實，嚴萬里曰：「楊慎引作兩盈。」**國彊。彊國知十三數：竟内倉口之數，**陶鴻慶曰：「倉乃食字之誤。墾令篇云：『祿厚而稅多，食口衆者，敗農者也。』是其證。」禮鴻案：口疑當爲府。蓋府字爛脱，校者以空圍記之，因誤作口也。人之口數，則下文壯男、壯女至利民之數當之。一、二。**壯男壯女之數，**三、四。**老弱之數，**五、六。兵守篇：「三軍：壯男爲一軍，壯女爲一軍，男女之老弱者爲一軍。」**官士之數，**七、八。**以言説取食者之數，**九。**利民之數，**十。嚴萬里曰：「秦本無此句。」禮鴻案：蓋謂農也。**馬牛芻藁之數，**十一、十二、十三。芻藁爲一。説文：「芻，刈艸也。」謂已刈之草。「稾，稈也。稈，禾莖也。」藁即稾之俗字。**欲彊國，不知國十三數，地雖利，民雖衆，國愈弱至削。國無怨民，曰彊國。**怨讀爲蘊。荀子哀公篇：「富有天下而無有怨財。」楊倞注：「怨讀爲蘊，言雖富有天下，而無蘊畜私財也。」怨謂蓄積閑置。孟子：「内無怨女，外無曠夫。」韓非子外儲説右下篇：「畜積有腐棄之財，則人饑餓；宫中有怨女，則民無妻。」惟女子多蘊蓄於宫中，故民曠而無妻。此章炳麟膏蘭室札記説。禮鴻又案：新序雜事篇云：「後宫多幽女者，下民多曠。」以幽代怨，是怨非怨憤之確證也。致之農戰，則無怨民矣。**興兵而伐，則武爵武任，必勝；按兵而農，粟爵粟任，則國富。**陶鴻慶曰：「上則字當在必上，與下文一律。」朱師轍曰：「武爵武任，謂以戰功大小錫爵任官。粟爵粟任，謂以致粟多寡錫爵任官。史記商君傳：『有軍功者，各以率受上爵；力本業，致粟帛多者，復其身。』是也。」**兵起而勝敵，按國而國富者王。**簡書曰：「崇文本按國作按兵，宜從。」禮鴻案：指海本亦作兵。

商君書錐指卷二

説民第五

説讀作敓。説文：「敓，彊取也。」段玉裁曰：「後人假奪爲敓，奪行而敓廢矣。」算地篇曰：「刑者，所以奪禁邪也。」敓民義與彼奪同。韓非子有説疑篇，説亦讀作敓。其篇末曰：「四疑者破。」破猶敓也。

辯慧，亂之贊也。贊，助也。**禮樂，淫佚之徵也。**徵，召也，猶易言「盜之招也」。**慈仁，過之母也。任舉，姦之鼠也。**任舉之舉，范本、崇文本、指海本皆作譽。賞刑篇曰：「博聞、辯慧、信廉、禮樂、修行、任譽、清濁，（當作請謁。）不可以富貴。」韓非子六反篇曰：「活賊匿姦，當死之民也，而世尊之曰任譽之士。」蓋任爲任俠，譽爲名譽。然任舉亦非誤字，舉譽聲近通假耳。管子任法篇：「世無請謁任舉之人」，是其證也。王駕吾先生曰：「鼠字疑竄字之誤。呂覽審分：『無所竄其姦矣』，注：『竄，容也。』姦之竄者，謂姦人容藏之所也。任俠致聲譽，正以飾其姦耳。」禮鴻謂呂覽愛士：「陽城胥渠處，廣門之官夜款門而謁曰：『主君之臣胥渠有疾。』」注：「處，猶病也。」校呂覽者以爲處無病義。惟朱駿聲説文通訓定聲謂處假借爲癙，實爲鼠，引愛士注。又引詩雨無正「鼠思泣血」，箋：「憂也。」正月：「癙憂以痒。」爾雅釋詁：「病也。」據朱氏説，則鼠處二字聲近義通，處爲癙爲鼠，則鼠亦可讀爲處。處者，居也。姦之鼠也猶云姦之宅也。存參。亂有贊則行，淫佚有徵則用，過有母則生，姦有鼠則不止。八者有羣，民勝其政；國無八者，政勝其民。民勝其政，國弱；政勝其民，兵彊。故國有八者，上無以使守戰，必削至亡；國無八者，上有以使守戰，必興至王。

用善，則民親其親；任姦，則民親其制。上之法制也。合而復者，善也；別而䂓者，姦也。嚴萬里曰：「案：字書無䂓字，疑誤。」王時潤曰：「䂓疑規字之誤。錯法篇云：『使必盡力以規其功。』規，崇文本亦誤作䂓，可證䂓爲規字之訛。」簡書曰：「任姦云者，恃告姦之法使人民相互監伺而不敢違令之謂。故曰『別而規』，猶言各別之而互相規度也。」朱師轍曰：「復，覆也。」禮鴻案：境内篇：「規諫」，指海本亦作䂓諫。䂓者俗字，非訛字。禁使篇曰：「至治，夫妻交友不能相爲棄惡蓋非，而不害於親；民人不能相爲隱。」夫告姦之賞固能得姦，欲使親者不相爲隱惡蓋非，必有連坐之法、不告姦之誅，不止賞告姦而已。韓非子制分篇曰：「然則微姦之法奈何？其務令之相規其情者也。然則使相闚奈何？曰：蓋里相坐而已。禁尚有連於己者，里不相闚，惟恐不得免。有姦心者，不令得忘闚者多也，如此，則慎己而闚彼。發姦之密告過者免罪受賞，失姦者必誅連刑，則姦類發矣。」（文依顧廣圻、孫詒讓、王先慎、劉師培校。）即此義也。別而規規字當讀爲闚。又案：新序雜事篇，燕惠王遺樂毅書曰：「國有封疆，猶家之有垣牆，所以合好覆惡也。」合好覆惡即本文合而復之義。陶鴻慶亦引制分篇，文簡不録。章善則過匿，任姦則罪誅。過匿則民勝法，罪誅則法勝民。民勝法，國亂；法勝民，兵彊。故曰：以良民治，必亂至削；以姦民治，必治至彊。

國以難攻，起一取十；國以易攻，起一亡百。當作出十亡百。去彊篇：「國以難攻者，起一得十；

以易攻者，出十亡百。」靳令篇：「以力攻者，出一取十；以言攻者，出十亡百。」是其證也。下文「出十必百」，必亦亡字之譌，范本、指海本並作亡。國好力，日以難攻；國好言，日以易攻。兩日字皆當作曰，說見前。言，謂詩書辯慧。民易爲言，難爲用；國法作民之所難，兵用民之所易，而以力攻者，起一得十；國法作民之所易，兵用民之所難，而以言攻者，出十必百。作如「作新民」之作，謂倡導鼓舞之。民之所難者戰，今將作之使以爲易，此謂「國法作民之所難」。既作之後，則難者亦易，則因其所易而用之，此謂「兵用民之所易」。故起一得十。民之所易者言，若平時以其易者爲倡，則用民之時，所欲用者皆其難者也。故出十亡百。

罰重，爵尊；賞輕，刑威。爵尊，上愛民；刑威，民死上。故興國行罰則民利，用賞則上重。賞不濫施，爵必可尊，故見重。

法詳則刑繁，法繁則刑省。法繁則刑省疑當作刑繁則刑省。「刑繁」即下文「行刑重其輕者」，「則刑省」即「輕者不生則重者無從至」。其定刑也繁，則其用刑也省，是所謂以刑去刑也。校者以刑繁刑省爲矛盾，輒改刑作法耳。王時潤、朱師轍以法繁當作法簡，引韓非子八說篇「法省而民訟簡」爲證；不知韓子簡字當依顧廣圻說正爲萌，不得引以爲證也。民治則亂；簡書曰：「於民治二字間增一不字，則此文便覺可通。」其說是也。亂而治之，又亂。故治之於其治，則治；治之於其亂，則亂。易文言曰：「積善之家，必有餘慶；積不善之家，必有餘殃。臣弒其君，子弒其父，非一朝一夕之故，其所由來者漸矣，由辯之不早辯也。易曰：『履霜，堅冰至。』蓋言順也。」民之情也治，其事也亂。情猶本也，樸也、初也，言民未始不治，但治之之事非其宜，則亂也。故行刑重其輕者，輕者不生，則重者無從至矣。此謂治之於其治也。行刑重其重者，輕其輕者，輕者不止，則重者無從止矣。嚴萬里曰：「舊本多作無從至，於文義不合，至當作止，今改正。」此謂治之於其亂也。故重輕，則刑去事成，國彊；重重而輕輕，則刑至而事生，國削。

民勇，則賞之以其所欲；民怯，則殺之以其所惡。簡書曰：「殺字疑誤，或即毆字之訛。」禮鴻案：賞者，民所欲，故行賞以進民之勇；刑者，民所惡，故行刑以殺民之怯。殺，減也。荀子曰：「隆禮義而殺詩書。」非譌字。故怯民使之以刑則勇，勇民使之以賞則死。怯民勇，勇民死，國無敵者，必王。

民貧則弱，國富則淫。對政而言，民欲其弱也。弱民篇曰：「民弱，國彊。」國富則淫即民富則淫，變文耳。淫則有蝨，有蝨則弱。國弱。故貧者益之以刑則富，富者損之以賞則貧。治國之舉，貴令貧者富，富者貧。貧者富，富者貧，國彊，嚴萬里曰：「諸本國彊字在貧者富下，今案文義乙正。」秦本與諸本同，貧下又有國弱字，於義悖，當屬妄增。」禮鴻案：秦本多國弱二字，信爲妄增。而諸本國彊在貧者富下，則絶非有誤。此文言彊言王，王乃進於彊者。（商君書言國勢亦以王爲極，如云「以日治者王，以夜治者彊，以宿治者削」，是也。特彼所謂王者，乃兼併天下耳。）彊國可致，王未易幾也；彊而中道覆亡者有之矣。使貧者富，乃國强之道；故曰：「貧者富，國彊。」然茍民富而無術以節之，則淫佚而蝨生，蝨生而敗國矣。於此時也，必使富者貧。貧乃蝨不生而國無敗，此乃持彊之法也。故云：「富者貧，三官無蝨。」能彊能持，能後能王；故曰：「國久彊而無蝨者必王。」文理至明。嚴氏乙之，轉失其義。又案：靳令篇曰：「民有餘糧，使民以粟出官爵。」此即富者損之以賞則貧之道也。三官無蝨。

國久彊而無蝨者，必王。

刑生力，力生彊，彊生威，威生德，德生於刑。故刑多則賞重，賞少則刑重。刑多則賞足重，賞少則刑足重，非謂厚賞重刑也。**民之有欲有惡也，欲有六淫，惡有四難。**六淫即六蝨，四難未詳。朱師轍曰：「六淫，六欲也。呂覽貴生：『六欲皆得其宜。』高誘注：『六欲，生死耳目鼻口也。』蓋心淫於生死，耳淫於聲，目淫於色，口淫於味，鼻淫於臭。四難謂嚴刑峻法力農務戰。」案：朱說恐未是。且下文曰：「賞出一則四難行」，以力農務戰各爲一難，則可；以嚴刑峻法當之，則舛矣。**從六淫，國弱；行四難，兵彊。故王者刑於九而賞出一。**俞樾曰：「此當作刑於九而賞於一。去彊篇云：『王者刑九賞一，彊國刑七賞三，削國刑五賞五。』是刑九賞一乃刑多賞少之意，非如農戰篇所云『利從一孔出』，不當作出一明矣。下云：『民之所欲萬，而賞之所出一』，與此義本不相蒙，今作賞出一，蓋涉下文而誤。」簡書曰：「賞出一亦通，出與於原不相遠。又此處刑賞多少從民欲惡言，下文亦以欲惡言，上下一貫，不能謂不相蒙也。」禮鴻案：簡破俞不相蒙之說，是也。然出與於自有辨。於者，吾加諸彼；出者，彼取於我之詞也。賞出一正即農戰篇利從一孔出之義。俞說皆誤。**刑於九則六淫止，賞出一則四難行。六淫止則國無姦，四難行則兵無敵。民之所欲萬，而利之所出一；民非一則無以致欲，**嚴萬里曰：「秦本、范本則作政，誤。」**故作一。作一則力摶，力摶則彊。**農戰篇曰：「民見上利之從壹孔出也，則作壹；作壹則民不偷營，民不偷營則多力；多力則國彊。」又曰：「上作壹，故民不偷營，（偷誤作儉，今正。）則國力摶；國力摶則彊。」**彊而用，重彊。**用以攻敵，不用則亂。**故能生力、能殺力，曰攻敵之國，必彊。**作一則力摶，此生力也。彊而用，此殺力也。貧富亦同，治國能使貧者富亦生力，使富者貧亦殺力也。**塞私道以窮其志，啓一門以致其欲，使民必先行其所要，**王時潤曰：「要疑當作惡，蓋承上文民之有欲有惡也句而言。」禮鴻案：王說是也。上文曰：「惡有四難，賞出一則四難行。」**然後致其所欲，故力多。力多而不**

用則志窮，志窮則有私，有私則有弱。陶鴻慶曰：「有弱之有涉上而衍。」故能生力不能殺力，曰自攻之國，必削。故曰：「王者國不蓄力，家不積粟。」國不蓄力，下用也；家不積粟，上藏也。下用，用下之力。上藏，藏之於上。

國治：言治國者有此三等。斷家王，斷官彊，斷君弱。斷家，斷於家也。斷官、斷君同。重輕去刑，見前。常官則治。農戰篇曰：「官法明，故不任智慮。上作壹，故民不偷營。」又曰：「常官則國治，壹務則國富。」可以詮此文。夫官法明而有常，官民得共遵循，無得以私慮亂之，故國可治也。故下文曰：「治明則同，治闇則異。同則行，異則止。行則治，止則亂。」同即常也；異，不常也。省刑要保，賞不可倍也。朱師轍曰：「省刑要保謂使民互相爲保，有姦必告，則民不敢犯法，故刑減省。倍猶背也，謂賞必信。」禮鴻案：朱說要保與倍，是也。此省字蓋當讀爲眚。小爾雅廣詁曰：「省，過也。」王煦疏曰：「省與眚通。」左氏、穀梁莊二十二年『肆大眚』，公羊作肆大省。康誥云：『人有小罪非眚』，王符潛夫論作匪省。周官司徒職荒政，七曰『眚禮』，先後鄭俱訓作省。是眚省通也。虞書：『眚災肆赦。』史記注引鄭注云：『過失雖有害則赦之。』左氏襄九年傳云：『肆眚圍鄭。』杜注：『眚，過也。』史記秦本紀云：『飾省宣義。』裴駰正義云：『省，過也。』是省眚訓義同也。」要者，約也。言凡有過當刑者，皆令民相要約連保也。如朱說，則當云「要保省刑」矣，恐迂曲不可從。賞不可倍，此賞字指告姦之賞言。有姦必告之，則民斷於心。民斷於心，又斷家之本。上令而民知所以應，常官治明之效也。器成於家而行於官，官所可者乃得行也。禮記王制曰：「作淫聲異服奇技奇器以疑衆，殺。用器不中度，不粥於市。兵車不中度，不粥於市。布帛精麤不中數，幅廣狹不中量，不粥於市。姦色亂正色，不粥於市。錦文珠玉成器，不粥於市。衣服飲食，不粥於市。五穀不時，果實未孰，不粥於市。木不中伐，不粥於市。禽獸魚鼈不中殺，不粥於市。」此之類也。則事斷於家。故王者刑賞斷於民心，器用斷於家。嚴萬里曰：「范本作決於家。」禮鴻案：此依前後文當作斷。治明則同，治闇則異。同則行，異則止。行則治，止則亂。治則家斷，亂則君斷。治國者貴下斷，故以十里斷者弱，以五里斷者彊。家斷則有餘，故曰：「日治者王。」嚴萬里曰：「范本無曰字，下同。」官斷則不足，故曰：「夜治則彊。」君斷則亂，故曰：「宿治則削。」故有道之國，治不聽君，民不從官。不聽於君，君不煩也。民不從官，從法也；以法自治而已。王時潤曰：「治不聽君，即官斷之謂也。民不從官，即家斷之謂也。」簡書曰：「十里斷者弱兩句不可解。家斷有餘，何以曰日治？日治者何以王？官斷、君斷何以曰夜治宿治？並何以强，何以削？且日治、宿治可通，夜治何説乎？」禮鴻案：靳令篇曰：「以五里斷者王，以十里斷者彊（當作弱）。宿治者削。」俞氏於宿治上補日治者王、夜治者彊八字，是也。王先慎解韓非子飭令篇「以五里斷者王、以九里斷者强」（亦當作弱）。曰：「謂行法之速也。」可謂得之矣。特韓子亦脱日治者王、夜治者强八字，故説之猶未甚晰耳。今案：五里速，十里遲；日治速，夜治遲，宿治更遲。日者，當日；夜者，即夕；宿者，越宿。凡治令欲民必奉行。民斷於心，斷於家，則令行速矣，此其上也。民不奉行，官斷而使之，則雖有不奉令之民，猶有奉法之官，不行者可以使行，抑可以爲次矣。然必以官斷家，勢將有所不及，故曰：「官斷者不足。」若民不奉令，官不能理，必待君之自斷，則弊滋治煩，不待擬議而可知矣。夫治欲其省，故墾令篇云：「無宿治，則邪官不及爲私利於民」；靳令篇云：「靳令則治不留」；又曰：「國以功授官予爵，則治省言寡。此謂以治（原作法，今正。）去治，以言去言。國以六蝨授官予爵，則治煩言生，此謂以治致治，以言致言。」夫欲治省，則唯在速治無留，故曰五里、十里，曰家斷、官斷、君斷，曰日治、夜治、宿治，其義皆一而可明者也。荀子言入秦之所見云：「其百姓樸，其聲樂不流汙，其服不挑，甚畏有司而順。其百吏肅然，莫不恭儉敦敬忠信而不楛。其士大夫，出於其門，入於公門，出於公門，歸於其家，無有私事也；不比周，不朋黨，倜然莫不明通而公也。其朝廷，其閒聽決百事不留，恬然如無治。」（彊國篇。）因稱之曰：「四世有勝，非幸也，數也。佚而治，約而詳，不煩而功，治之至也。秦類之矣。」此蓋商君之遺俗也。然則五里、十里，日治、夜治、宿治，奚不可解之有？

算地第六

算，計也。計地廣狹，狹則開，廣則徠也。以首數語名篇。

凡世主之患，用兵者不量力，治草萊者不度地。多少曰量，長短曰度。詩小雅楚茨序「田萊多荒」，孔疏：「田廢生草謂之萊。」**故有地狹而民衆者，民勝其地；地廣而民少者，地勝其民。民勝其地，務開；**即開阡陌也。漢書食貨志：「秦孝公用商君，壞井田，開阡陌，急耕戰之賞，雖非古道，猶以務本之故，傾鄰國而雄諸侯。」朱熹開阡陌辨曰：「説者皆以開爲開置之開，言秦廢井田而始置阡陌，非也。按：阡陌舊説爲田間之道，蓋即周禮所云遂上之徑、溝上之畛、洫上之涂、澮上之道也。商君行苟且之政，但見田爲阡陌所束，而耕者限于百畝，是以奮然開之，所以正彊界，止侵爭，時蓄洩，備水旱，爲永久之計也。其水陸占地不爲田者頗多，先王非不惜而虛棄之，所以以盡人力地利。故秦紀、鞅傳皆云『爲田開阡陌封疆而賦稅平』，蔡澤亦曰『決裂阡陌以靜生民之業』也。」（文集七十二，此用殿本史記考證節文。）**地勝其民者，事徠。**徠，招鄰國之民來就耕也。**開則行倍。**嚴萬里曰：「案：此下當有缺文。」王時潤曰：「行，將也。」禮鴻案：嚴校是。**民過地則國功寡而兵力少，**自明曰：「國功即周官大府司會所謂九功，即大宰九職任民之所生者。」禮鴻案：天官大宰：「以九職任萬民，一曰三農，生九穀；二曰園圃，毓草木；三曰虞衡，作山澤之材；四曰藪牧，養蕃鳥獸；五曰百工，飭化八材；六曰商賈，阜通貨賄；七曰嬪婦，化治絲臬；八曰臣妾，聚斂疏材；九曰閒民，無常職，轉移執事。」又：「以九賦斂財賄。」司會：「以九賦之灋令田野之財用，以九功之灋令民職之財用。」大府：「掌九賦九功之貳。」注：「九功，謂九職也。」孫詒讓疏曰：「授其事則爲職，獻其成則爲功，其實一也。」是也。又黄以周曰：「周初征民之常經，祇有九職、九賦二法。而其國用之所仰給者，祇在九賦之一征，九職力征，祇以充府庫，以備非常之需。」然則商君所謂國功，蓋兼九賦九功而言也。**地過民則山澤財物不爲用。**貨棄於地也。**夫棄天物遂民淫者，**力不出於身，故淫。**世主之務過也；而上下事之，故民衆而兵弱，地大而力小。故爲國任地者，**書禹貢：「任土作貢。」疏引鄭玄云：「任土，謂定其肥磽之所生。」又，周禮地官載師：「掌任土之灋。」注：「任土者，任其力勢所能生育，且以制貢賦也。」**山林居什一，**徠民篇作山陵。**藪澤居什一，**風俗通義山澤篇：「詩云：『彼澤之陂，有蒲與荷。』傳曰：『水草交厝，名之爲澤。』澤者，言其潤澤萬物，以阜民用也。」爾雅釋地：「十藪。」郝懿行曰：「説文云：『藪，大澤也。』左氏襄廿五年正義引李巡曰：『藪，澤之别名也。』周禮冢宰注云：『澤無水曰藪』；澤虞注云：（見序官。）『水希曰藪。』」**谿谷流水居什一，**爾雅釋水：「水注川曰谿，注谿曰谷。」邢昺疏：「李巡云：『水出於山入於川曰谿，注谿曰谷，謂山谷中水注入澗谿也。』」郝懿行曰：「谷注於谿，谿注於川。」**都邑蹊道居什四。**俞樾曰：「都邑蹊道下有缺文，今據徠民篇補云：『都邑蹊道居什一，惡田居什二，良田居什四。』」王時潤曰：「當作惡田居什二。」禮鴻案：吕氏春秋貴因篇：「舜一徙成邑，再徙成都。」注：「周禮四井爲邑，邑方二里也。四縣爲都，都方二（案當作三。）十二里也。邑有封，都有成。（案當作城。）然則邑小都大。」文選思玄賦：「不識蹊之所由。」舊注：「蹊，路也。」**此先王之正律也。故爲國分田數小。畝五百足待一役，此地不任也。**簡書曰：「地不任也句疑有誤，因五百畝待一役不可謂地不任。任者，勝也。」禮鴻案：足待一役疑當作不足待一役。「爲國分田數小」者，數小指人，言分田之道常使人數小於田之所能供者。故「畝五百不足待一役」者，此地力不能供也。「百里可以出戰卒萬人」者，人數小於地力之所能供也。方里爲井，井九百畝，畝五百僅能食五家耳，尚不足一方里，不能待一役甚明。更以漢書食貨志李悝之言徵之：百畝歲收百五十石，則畝五百得七百五十石。人月食一石半，即日五升。七百五十石，供萬五千人一日之食耳，尚不能當萬人隔宿之糧，豈能待一役也？簡疑五百畝待一役不可謂地力不任者，殆非也。孫詒讓曰：「百足疑不足。」方土百里，出戰卒萬人者，數小也。朱師轍曰：「周禮：『諸男之國封疆方百里。』又：『制軍，萬有二千五百人爲軍，小國一軍。』賈疏：『子、男爲小國。』」此其墾田足以食其民，都邑遂路足以處其民；遂與隧同。莊子馬蹄篇：「山無蹊隧」釋文：「隧，徐音遂，崔云：『道也。』」山林藪澤谿谷足以供其利，藪澤隄防足以畜，嚴萬里曰：「案：此下當有脱文。」禮鴻案：隄防以障扞畜潦藪澤之水也。故兵出糧給而財有餘，兵休民作而畜長足。此所謂任地待役之律也。

今世主有地方數千里，食不足以待役實倉，而兵爲隣敵，隣讀作遴。説文：「遴，行難也。」隣敵謂不敢赴敵。臣故爲世主患之。夫地大而不墾者，與無地同；嚴萬里曰：「秦本、范本地下有者字，下同。」民衆而不用者，與無民同。故爲國之數，務在墾草；吕氏春秋長攻篇：「固其數也」注：「數，術。」用兵之道，務在壹賞。私利塞於外，則民務屬於農。考工記：「察車之道，欲其樸屬而微至。」注：「樸屬，猶附著堅固也。」屬於農則樸，樸則畏令。私賞禁於下，則民力摶於敵。摶於敵則勝。奚以知其然也？夫民之情，樸則生勞而易力，窮則生知而權利。易力則輕死而樂用，權利則畏法而易苦。此當作易力則畏法而易苦，權利則輕死而樂用。「易力則畏法而易苦」根上「樸則生勞而易力」來，指農者言。上文云：「屬於農則樸，樸則畏令」，此云畏法即彼云畏令。此云易苦，故下云「易苦則地力盡」也。「權利則輕死而樂用」根「窮則生知而權利」來，指戰士言。此云樂用，故下云「樂用則兵力盡」。夫唯指戰士言，故曰輕死。若但欲其盡地力而已，則安用其輕死乎？易苦則地力盡，樂用則兵力盡。夫治國者能盡地力而致民死者，名與利交至。嚴萬里曰：「秦本、范本作並至。」民之性，饑而求食，饑當作飢。勞而求佚，苦則索樂，辱則求榮，此民之情也。嚴萬里曰：「秦本、范本作百性之情人。」簡書曰：「『民之性』，性疑作生，否則下文應作此民之性也，或直無此民之情也句始協。」禮鴻案：上言性，下言情，奚爲不協？荀子性惡篇每言「順人之性，從人之情」，而終之以堯、舜之問答，曰：「人情甚不美」，是古人性情混言之證也。民之求利，失禮之法；禮記曲禮曰：「恭敬撙節退讓以明禮。」又曰：「臨財毋苟得。」求名，失性之常。奚以論其然也？論當作諭。淮南子主術篇：「衰絰菅屨，辟踊哭泣，所以諭哀也。」注：「諭，明。」今夫盜賊上犯君上之所禁，而下失臣子之禮，嚴萬里曰：「元本、范本臣作天，大誤。此據秦本。」故名辱而身危，猶不止者，利也。其上世之士，猶言高世之士。衣不煖膚，食不滿腸，嚴可均改腸作腹，云：「各本作腸，從意林改。」苦其志意，勞其四肢，傷其五臟，而益裕廣耳，嚴萬里曰：「案：此句有脱誤。」簡書曰：「吾仲（仲芬）謂耳爲聞字殘缺之餘，原文當爲益裕廣聞，近是。其實耳字已可作聞用，不必其定是聞也。又案：管子小匡篇云：『大霸天下，名聲廣裕』，正可借以證此。」禮鴻案：王念孫曰：「而猶以也。墨子尚賢篇曰：『使天下之爲善者可而勸也，爲暴者可而沮也。』又曰：『上可而利天，中可而利鬼，下可而利人。』謂可以也。尚同篇曰：『上用之天子，可以治天下矣；中用之諸侯，可而治其國矣；下用之家君，可而治其家矣。』而以互用。」（經傳釋詞七。）非生之常也，俞樾曰：「生性字古通用，此生字當讀爲性。上文曰：『求名，失性之常。』」王時潤曰：「生即性字脱爛其半耳。上文：『求名，失性之常。』此段正與上文相應，用字不當歧異。」禮鴻案：上下文字異義同，古書通例，王豈未見俞氏古書疑義舉例乎？而爲之者，名也。故曰：「名利之所湊，則民道之。」嚴萬里曰：「案：道字疑誤。」王時潤曰：「道，由也。史記：『道軍所來』，臣瓚注：『道，由也。』湊崇文本作奏，奏湊二字古通用。周禮合方氏注：『津梁相奏』，釋文：『奏本作湊。』」禮鴻案：王説是也。主操名利之柄而能致功名者，國之功名。即前所云名與利交至。下文亦曰：「故湯武禁之，則功立而名成。」數也。聖人審權以操柄，審數以使民。數者，臣主之術而國之要也。故萬乘失數而不危，臣主失術而不亂者，未之有也。今世主欲辟地治民而不審數，辟讀爲闢。臣欲盡其事而不立術，故國有不服之民，生有不令之臣。王時潤曰：「生字當依崇文本作主。」禮鴻案：指海本亦作主，是。故聖人之爲國也，入令民以屬農，朱師轍曰：「各本俱作數農，數，計也。」禮鴻案：下文曰：「入使民屬於農，出使民一於戰。」則屬農爲有據。出令民以計戰。夫農，民之所苦；而戰，民之所危也。犯其所苦，行其所危者，計也。陶鴻慶曰：「計下當有『利慮名』三字。利指農言，名指戰言。下文『故民生則計利，死則慮名』云云，即承此言。」故民生則計利，死則慮名，名利之所出，不可不審也。利出於地，則民盡力；名出於戰，則民致死。入使民盡力，則草不荒；出使民致死，則勝敵。勝敵而草不荒，富彊之功可坐而致也。今則不然，世主之所以加務者，皆非國之急也。身有堯、舜之行，而功不及湯、武之略者，淮南子兵略篇：「貪金玉之略。」注：「略，獲得也。」此執柄之罪也。不能執柄。臣請語其過：夫治國舍勢而任説説，陶鴻慶曰：「上説字當作談。下云：『故事詩、書談説之士，則民游而輕其君。』即承此言。」則身修而功寡。身修即所謂「身有堯、舜之行」，朱師轍欲改修爲勞，非。故事詩、書談説之士，則民游而輕其君；事處士，則民遠而非其上；此二者韓非所謂儒以文亂法。事勇士，則民競而輕其禁；所謂俠以武犯禁。故商君之法，爲私門者各以輕重被刑，見本傳。技藝之士用，則民剽而易徙；孟子所謂民無恒産因無恒心。漢書地理志：「自全晉時已患其剽悍。」師古曰：「剽，急也，輕也。」商賈之士佚且利，則民緣而議其上。故五民加於國用，則田荒而兵弱。嚴萬里曰：「案：加字疑誤。」王時潤曰：「用字當在於國字上。」禮鴻案：國之所用，農戰而已。今事此五民，加於農戰之民之上，故曰五民加於國用。嚴、王不知國用之實有所指，謂此文有誤，非也。談説之士資在於口，處士資在於意，勇士資在於氣，技藝之士資在於手，口、意、氣、手皆在身。商賈之士資在於身，故天下一宅而圜身資。圜猶環也。范本、指海本即作環。身之所在，資亦隨之，故曰圜身資；故不難乎去本國而他適，斯天下如一宅。民資重於身，而偏託勢於外，重於身，重在於身也。此重於身與下文藏於地相對。偏猶私也。挾重資，歸偏家，堯、舜之所難也。難治。故湯、武禁之，則功立而名成。

聖人非能以世所易勝其所難也，必以其所難勝其所易。故民愚則知可以勝之，世知則力可以勝之。臣愚則易力而難巧，王時潤曰：「臣當爲民字之誤。」世巧則易知而難力。故神農教耕而王，天下師其知也；湯、武致彊而征，諸侯服其力也。今世巧而民淫，方傚湯、武之時，而行神農之事以隨世禁，故千乘惑亂。嚴萬里曰：「范本惑作式。案：千乘字疑亦誤。」禮鴻案：隨讀爲墮，壞也。禁者，以力禁知也。以當今乃用湯、武之禁之世，故曰世禁；禁字根上文湯、武禁之來，世字根今世巧而民淫方效湯、武之時來。今不用禁而反墮之，則是惑亂也。范本式乃或之誤，或通惑。王時潤曰：「千乘，大國也。」說可通。此其所加務者過也。民之生，生讀爲性。度而取長，稱而取重，權而索利。明君慎觀三者，則國治可立而民能可得。國之所以求民者少，求於民者少，農戰而已。而民之所以避求者多。入使民屬於農，出使民壹於戰。故聖人之治也，多禁以止能，止於農戰。任力以窮詐，不得事五民之事。兩者偏用，偏讀爲徧。王念孫曰：「古多以偏爲徧。」詳見墨子雜志非攻篇。則境內之民壹。民壹則農，農則樸，樸則安居而惡出。故聖人之爲國也，民資藏於地，而偏託危於外。資在於地，不能隨身，欲去而之外，則危也。資於地則樸，資下指海本依上文補藏字。託危於外則惑，惑則不敢。民入則樸，出則惑，故其農勉而戰戢也。俞樾曰：「此戢非戢止之義，當讀爲捷。詩鴛鴦：『戢其左翼。』釋文引韓詩曰：『戢，捷也。』下文云：『戰戢則隣危。』若以本字讀之，義不可通矣。」禮鴻曰：戢不訓止，亦不訓捷。國語周語：「兵戢而時動。」注：「戢，聚也。」此戢皆當訓聚。惟聚故衆，惟衆故摶。上文曰：「民力摶於敵。」民之農勉則資重，戰戢則隣危。隣當謂隣國，資重隣危文相對。自明讀此隣亦爲遴，似未確。資重則不可負而逃，隣危則不歸於無資。歸危外託，狂夫之所不爲也。故聖人之爲國也，觀俗立法則治，察國事本則宜。農戰，國本也。不觀時俗，不察國本，則其法立而民亂，事劇而功寡。荀子解蔽篇：「不以夢劇亂知。」楊倞注：「劇，煩囂也。」禮鴻案：字正作勮。說文：「勮，務也。」段氏曰：「務者，趣也，用力尤甚也。」又釋名釋言語曰：「勮，巨也，事功巨也。」此臣之所謂過也。

夫刑者所以奪禁邪也，嚴萬里曰：「元本無奪字。」**而賞者所以助禁也。**賞刑互相助耳。故曰：「罰重爵尊，賞輕刑威。」**羞辱勞苦者，民之所惡也。顯榮佚樂者，民之所務也。故其國刑不可惡，而爵祿不足務也，此亡國之兆也。刑人復漏，**復即覆隱之覆，說見説民篇「合而復者，善也」下，罪人不得曰漏。**則小人辟淫而不苦刑，則徼倖於民上，徼於民上以利求。顯榮之門不一，**嚴萬里曰：「案：則徼下數語當有脱訛。又范本下句無民字，諸本有。」禮鴻案：疑衍徼於民上四字，利求當作求利。「刑人復漏，則小人辟淫而不苦刑，則徼倖於民上以求利」爲一句，承上刑不可惡言。徼倖於民上者，幸上之漏刑也。「顯榮之門不一，則君子事勢以成名」爲一句，承爵祿不足務言。辟讀爲僻。**則君子事勢以成名。小人不避其禁，**是國有不服之民也。**故刑煩。君子不設其令，**主有不令之臣也。設者，荀子君道篇：「善顯設人者也。」王先謙曰：「設，用也。顯設人猶言顯用人。臣道篇云：『正義之臣設。』言正義之臣用也。」議兵篇云：「請問王者之兵設，何道何行而可？」言用何道何行而可也。（案：設當讀斷，與臣道篇正義之臣設句法同。）是則不設其令猶言不用其命。**則罰行。刑煩而罰行者國多姦。**刑煩罰行者，去彊篇曰：「重重而輕輕，刑至事生」也。**則富者不能守其財，**嚴萬里曰：「則元本作故，范本缺一字，缺上有欲字，或此處有脱句也。今從秦本作則，則上有徼字，依文義删去。」禮鴻案：徼字可存，當屬上句。姦徼者，姦之徼也。説民篇曰：「禮樂，淫佚之徼也。」范本與秦本蓋同源，徼誤爲欲耳。遼釋行均龍龕手鑑：「敳，陟陵反，今作徵，召也。」此徵之所由誤爲欲也。孫星衍本則作欲，嚴可均校改作徼則二字，徼屬上讀，蓋亦據秦本也。**而貧者不能事其業，田荒而國貧。田荒則民詐生，國貧則上匱賞。**疑賞匱之倒。

壹言篇曰：「賞匱而姦益多。」故聖人之爲治也，嚴萬里曰：「元本、范本故下有『天地設而民生當此之時也』十一字，乃開塞篇文誤入此。今依秦本刪去。」刑人無國位，戮人無官任。刑人、戮人未詳其別。太平御覽六百四十五引慎子曰：「有虞之誅，以幪巾當墨，以草纓當劓，以菲履當刖，以艾韠當宫，布衣無領當大辟，此有虞之誅也。斬人肢體，鑿其肌膚，謂之刑。畫衣冠，異章服，謂之戮。」然則戮當輕於刑歟？刑人有列，則君子下其位；衣錦食肉，王時潤曰：「衣錦句上疑當有戮人二字。」禮鴻案：管子立政篇：「刑餘戮民不敢服絻。」絻一本作絲。王念孫讀書雜志曰：「刑餘戮民不得與四民同服，非但不敢服絻而已，作絲者是也。」繁露作『刑餘戮民不敢服絲玄纁』，是其證。古者爵弁服、玄衣纁裳皆以絲爲之。」則小人冀其利。君子下其位，則羞功；羞與刑人同列效功。小人冀其利，則伐姦。王時潤曰：「伐當爲伐善施勞之伐。下文『設刑民樂』，即冀利伐姦之謂。」簡書曰：「伐字疑。蓋善可伐，姦不可伐。設刑民樂，只可云不苦刑，不得云伐姦。與謂曰伐，毋寧曰作，雖肊説而較通。」禮鴻案：伐讀爲伐善之伐，是也。自多其爲姦得利以驕人者，姦民之常態耳。且自商君謂之姦，彼爲姦者豈知己之爲姦？奚不可伐之有？羞功伐姦，羞伐相反爲義，改爲作則不相對。故刑戮者，所以止姦也；而官爵者，所以勸功也。今國立爵而民羞之，設刑而民樂之，此蓋法術之患也。法術之所患也。故君子操權一正以立術，嚴萬里曰：「一正字疑誤。」禮鴻案：一正不誤。正如荀子之隆正，猶言標準。立官貴爵以稱之，嚴萬里曰：「范本之作臣。」禮鴻案：稱，舉也。論榮舉功以任之，嚴萬里曰：「案榮字疑誤。范本之下有者字。」簡書曰：「榮字殆爲勞字之誤。」禮鴻案：者字不當有。則是上下之稱平。稱，權稱也。上下之稱平，則臣得盡其力，主得專其柄。朱師轍曰：「各本皆作執其柄。」

開塞第七

孫詒讓曰：「淮南子泰族訓：『商鞅之啟塞。』許注：『啟之以利，塞之以禁，商鞅之術也。』據此，商子當本作啟塞，漢人避諱改之。」史記索隱曰：「案商君書，開謂刑嚴峻則政化開，塞謂布恩賞則政化塞，其意本於嚴刑少恩。」晁公武郡齋讀書志曰：「司馬貞蓋未見其書，妄爲之説耳。開塞乃其第七篇，謂道塞久矣，今欲開之，必刑九賞一。刑用於將過，則大邪不生；賞施於告姦，則細過不失。大邪不生，細過不失，則國治矣。」禮鴻案：晁解開塞二字爲得，而其説猶混於刑賞，則失也。開塞者，謂開已塞之道也。已失之道孰謂？謂湯、武以力征誅并諸侯定天下之道也。故曰：「湯、武之道（二字據王時潤説增。）塞，故萬乘莫不戰，千乘莫不守。（此即諸侯無長，天下不定，王業不成。）此道之塞久矣，而世主莫之能廢也，（廢讀爲發，即開也。）故三代不四。」又算地篇曰：「今世巧而民淫，方傚湯、武之時。」是也。索隱以開塞二字並列，大誤；又豈如晁氏所言止於國治而已哉？至「今日願啟之以效」以下，乃言用嚴刑以生力强國之方，是又兼并開塞之本，而非即開塞也。司馬、晁氏皆以用刑説開塞，義隔。許氏淮南注説誤與司馬相似。

天地設而民生之。 天地設，猶易言天地定位。 **當此之時也，民知其母而不知其父，其道親親而愛私。親親則別，** 嚴萬里曰：「范本脱一親字。」禮鴻案：別即墨子言兼別之別。兼愛下篇曰：「誰（陳奇猷謂誰爲語辭，不爲義。）以爲二士，使其一士者執別，使其一士者執兼。是故別士之言曰：『吾豈能爲吾友之身若爲吾身，爲吾友之親若爲吾親？』是故退覩其友，飢即不食，寒即不衣，疾病不侍（當作持。）養，死喪不葬埋。」是所諸別也。

愛私則險民衆，嚴萬里曰：「范本作陰陽民險衆，誤。」禮鴻案：民衆二字當屬下爲句。親親故別，別故愛私，愛私故行險以賊人，故亂也。而以別險爲務，則民亂。當此之時，民務勝而力征。務勝則爭，嚴萬里曰：「范本務作負。」禮鴻案：務是。務猶求也。力征則訟。訟而無正，則莫得其性也。故賢者立中正，嚴萬里曰：「范本無正字，誤。」設無私，而民說仁。嚴萬里曰：「范本說作曰，誤。」禮鴻案：正者，所以定是非、予奪、多寡者也。莫得其性猶言莫得其欲。告子曰：「食色，性也。」即謂是也。禮記樂記曰：「人生而靜，天之性也。感於物而動，性之欲也。」記分言之，商君、告子統言之，欲非離乎性也。訟而無正，則得失不均；得多者縱情，奪失者詘志，此謂莫得其性也。荀子有言曰：「彊脅弱也，智懼愚也，民下違上，少陵長，不以德爲政，（即此中正之正。）如是，則老弱有失養之憂，而壯者有分爭之禍矣。事業所惡也，功利所好也，職業無分，如是，則人有樹事之患，而有爭功之禍矣。男女之合，夫婦之分，婚姻聘内送逆無禮，如是，則人有失合之憂，而有爭色之懼矣。」凡所謂憂患禍懼，皆莫得其性也。說讀爲悅。當此時也，親親廢，上賢立矣。凡仁者以愛爲務，王時潤曰：「愛下當依崇文本增利字。」禮鴻案：指海本亦有利字，王說是。莊子徐无鬼篇：「夫民不難聚也，愛之則親，利之則至，譽之則勸，致其所惡則散。愛利出乎仁義。」而賢者以相出爲道。民衆而無制，久而相出爲道，則有亂。有讀爲又。故聖人承之，作爲土地貨財男女之分。分定而無制，不可，故立禁。禁立而莫之司，不可，故立官。官設而莫之一，不可，故立君。既立君，嚴萬里曰：「秦本、范本君上有其字。」禮鴻案：指海本亦有。則上賢廢而貴貴立矣。然則上世親親而愛私，中世上賢而說仁，下世貴貴而尊官。上賢者，以道相出也；嚴萬里曰：「范本道作贏，誤。」禮鴻案：指海本亦作贏。王時潤謂贏字不誤，以贏相出謂出其土地貨財之贏餘以市恩。簡書謂相出乃平民百姓男耕女織，工制器，商通貨，抱布貿絲，以粟易器械，各出所有以相資爲生之謂。愚謂贏字當是，而二説皆失。贏者，才力有餘之謂，實即能字之叚也。庚贏卣贏作𤉳，吴大澂釋作羆，王國維曰：「左氏經敬贏，公羊作敬熊，可證古贏字或從能也。」（説見强運開説文古籀三補。）是贏能通叚之證。出如出類拔萃，又説文羼下云「羊相廁。一曰：相出前也」之出。民初無所依歸，有賢人出，而民從之。然賢者之中又有差次焉，數賢爭以賢相長，則民之從違無定，不爲之制，則亂生，故定分制禁設官立君，俾制在於一君而賢者不能相長，然後民可定也。夫賢之爲言固有優劣高下之意焉，故曰以能相出。若謂通功易事，豈與賢字相接乎？校者不知贏字之義，故依上文改之。而立君者，使賢無用也。親親者，以私爲道也；而中正者，使私無行也。此三者非事相反也，民道弊而所重易也，世事變而行道異也。故曰：王道有繩。夫王道一端，王疑主譌。而臣道亦一端；所道則異，而所繩則一也。算地篇曰：「主操名利之柄而能致功名者，數也。聖人審權以操柄，審數以使民。數者，臣主之術而國之要也。故萬乘失數而不危，臣主失術而不亂者，未之有也。」蓋主操其柄而臣行其法，其事則一，其職不同，故曰所道異而所繩一也。然則繩之之實唯何？曰：下文云：「效於今者前刑而法。」（法當作治。）是也。故曰：民愚則知可以王，世知則力可以王。民愚則力有餘而知不足，世知則巧有餘而力不足。民之生，不知則學，力盡而服。王時潤曰：「生假爲性。」簡書曰：「神州學者鮮有謂力可服人者，力盡而服，決非生之通性。王詮未審何據？」禮鴻案：簡氏以儒道之見疑法家，此不通之甚者也。愚爲王氏答曰：所詮即據本書，即據本篇，即據本句；神州學者有謂力可服人者，即在商君當人。故神農教耕而王，天下師其知也；湯、武致彊而征，諸侯服其力也。夫民愚，不懷知而問；世知，無餘力而服。故以王天下者并刑，以下脱知字，陶鴻慶、簡書説。崇文本、指海本以下皆有愛字，蓋校者意補，不如二氏説當。孫星衍本以下亦有愛字，嚴可均改智，則又先陶、簡發正矣。俞樾曰：「并當讀爲屏，謂屏除之也。」力征諸侯者退德。韓非子五蠹篇：「上古競於道德，中世逐於智謀，當今争於氣力。」八説篇略同。

聖人不法古，不脩今。脩今之脩當爲循，字之誤也。羣書治要引商君書佚篇曰：「聖王之治國也，不法古，不循今。」是其證。又更法篇曰：「法古無過，循禮無邪。」法與循文相對，亦其旁證。下同。法古則後於時，脩今者塞於勢。周不法商，夏不法虞。三代異勢而皆可以王。故興王有道，而持之異理。武王逆取而貴順，争天下而上讓。其取之以力，持之以義。今世彊國事兼并，弱國務力守。上不及虞、夏之時，而下不脩湯、武。湯、武塞，故萬乘莫不戰，千乘莫不守。王時潤曰：「兩湯、武下均當有之道二字。下不脩湯、武之道正與上不及虞、夏之時相對成文，若無之道二字，則兩句不倫矣。上文武王逆取云云即所謂湯、武之道，又今世彊國云云即所謂湯、武之道塞也。此云萬乘莫不戰，即承彊國句言；千乘莫不守，即承弱國句言。下文云：『此道之塞久矣。』即謂湯、武之道塞也。今本脱兩之道字，則文不成義矣。」簡書曰：「此處或上下文必有脱誤，特不如王所斠。本篇以開塞作目，開塞云者，即張弛闢闔之義，乃汎言政策，而非專指某時、某人、某道。所以提及虞、夏、湯、武，亦只引喻舉例，決非法某脩某。假如王説，是謂商鞅於秦孝公之時主行湯、武之道矣。姑無論孝公、商鞅之治未曾步趨湯、武，且先與商君書全部宗旨矛盾。商君所建政策，孝公所施政治，即商君書大旨，更法篇已反復發揮盡致。即本篇亦再三致意曰：『聖人不法古，不脩今。法古則後於時，脩今則塞於勢。』曰：『三代異勢而皆可以王。興王有道，而持之異理。』此其反對法古脩今，何等明白堅決。乃忽於此種論斷下續以復古之説，商君詎荒謬至此？鞅果似此悖謬，此書早自湮滅，何能留待王氏斠詮？然則不脩湯、武，湯、武塞云者，謂不脩湯、武因時制宜之術耳。莊子天下篇古之道術云云，道術並稱，義訓相似。再質言之，則此文直可釋爲上之既不及虞、夏郅治之時，下之又無因時救世之術之湯、武，故大小國咸敝於戰守而不安耳。又按：王謂今世彊國事兼并弱國務力守爲湯、武之道塞，吾却謂兼并力守即湯、武征伐與兼弱攻昧之道。不綜識大旨而斤斤於字句之出入，烏往而得正解邪？」禮鴻案：之道字有無文義無甚出入，以上下文觀之，依王説增補爲宜，王氏解此，甚得商君之旨；而簡氏非之，謬也。夫商君所謂不法古、不循今，亦謂不必泥古泥今，唯其適於世用之爲貴而已。其言治一主於力，湯、武力征，固所法也。然所以法之者，豈仁義禮制邪？特法其力征兼并而已矣。謂之法古可，謂之不法古可，何嫌謂孝公、商君主行湯、武之道？須知言法其道只取其同於己之一端以爲己説張本，初未限定跬效步隨，豪釐不失，如簡氏所見之佁也。簡之言曰：「所謂不脩湯、武，湯、武塞者，謂不脩湯、武因時制宜之術耳。」不知彼所謂脩湯、武因時制宜之術，即王氏與愚所謂主湯、武之道也。且此處言法古循今，固可分指矣。古者，虞、夏禪讓是也。今者，商君之世强攻弱守，未嘗有至强者兼而一之是也。商君之意，正欲秦脩湯、武之征伐，兼并天下；不用虞、夏之禪讓，是謂不法古；不沿今世諸國因循積弱，是謂不循今。法古循今，與夫知行湯、武之征誅而無術以致其征誅者，同謂之塞。開塞一篇，即以言如何開湯、武征誅之道於既塞之後也。又如簡氏所説今世兼并力守即湯、武征伐與兼弱攻昧之道，則是湯、武之道至今（商君之今。）猶行也，豈得謂此道之塞久矣哉？不顧文理之安如此，而譏王氏不綜識大旨，抑何以服人也？且算地篇明言今世巧而民淫方傚湯、武之時，孰謂商君不傚湯、武？商君全書言先王者六，（算地、愼法篇各一，修權、禁使篇各二。）言古之明君者一，（錯法篇。）言先聖人者一，（定分篇。）而徠民篇言先王者一不與焉，必將盡削其文乎？簡氏挾其成見，不知適時則古今皆善，不適時則雖創猶非，何足以論立法之意邪？近賢之論法家，所見多有類簡氏者矣，迷誤來學，殆不可免，用揭而辨之，俟無偏頗之君子論定焉。難曰：湯、武征誅兼并，商君之世强國亦兼并，而曰湯、武之道塞，何邪？曰：固嘗言之，知行征誅而無術以致之，猶謂之塞也。兼并未嘗非湯、武之道，特不能致其極而一天下，是猶未足以盡其道矣。夫曰脩湯、武之道，脩之爲言，其中固有宏綱密畫待舉而行之者，非徒言傚而已也，此篇後半所論用嚴刑於民以圖强者是也。

塞之能開與否，即在此脩之一字。然則當時强國兼并而曰湯、武道塞，何疑之有？此道之塞久矣，而世主莫之能廢也，故三代不四。廢讀爲發，發即開也。墨子非命上篇：「廢以爲刑政。」中篇作發而爲刑政，下篇作發而爲政乎國。史記貨殖列傳：「子贛廢著鬻財於曹、魯之間。」漢書作發貯鬻財，是廢通發之證。非明主莫有能聽也。今日願啟之以效。證諭也。參後俞樾説。古之民樸以厚，今之民巧以僞。故效於古者先德而治，效於今者前刑而法。法疑治誤。此俗之所惑也。嚴萬里曰：「今之民以下，范本之作時，德作得，治作防，效作治，惑作感，並多舛誤。今依秦本校正。」今世之所謂義者，將立民所好而廢其所惡，此其所謂不義者；此當作也，屬上讀。將立民之所惡而廢，其所樂也。二者名貿實易，嚴萬里曰：「案貿易二字疑誤，當作同異。」又，禮檀弓：「貿貿然來。」釋文：「貿一音牟。」則貿或侔字之假借。侔亦訓同，作名貿實易亦可。然無他證可據。五經文字：「貿，經典相承隸省作貿。」簡書曰：「名貿實易，二者名實均易也。貿亦易也。蓋今之所謂義者却非義，所謂不義者確爲義，是名之貿也；立好廢惡而民反傷其惡，立惡廢樂而民反安其所樂，是實之易也。」不可不察也。立民之所樂，則民傷其所惡；立民之所惡，則民安其所樂。何以知其然也？夫民憂則思，思則出度；嚴萬里曰：「案出字疑誤。」禮鴻案：出亦生也。史記秦本紀：「爾後嗣將大出。」索隱曰：「出猶生也。」言爾後嗣繁昌，將大生出子孫也。故左傳亦云：「晉公子，姬出也。」樂則淫，淫則生佚。故以刑治則民威，威，畏也。見詩小雅棠棣傳。民威則無姦，無姦則民安其所樂。以義教則民縱，民縱則亂，亂則民傷其所惡。吾所謂利者，義之本也；利字嚴可均改刑。簡書曰：「利字爲刑字之譌。」而世所謂義者，暴之道也。陶鴻慶曰：「道當爲首。（道與首古字通，説詳俞氏古書疑義舉例。）老子道德經云：『夫禮者，忠信之薄而亂之首。』此云暴之道，猶言亂之首耳。首與本義同。」禮鴻案：道者，所由也。如字讀自通。**夫正民者，以其所惡，必終其所好；以其所好，必敗其所惡。**韓非子八説篇：「慈母之於弱子也，愛不可爲前。然而弱子有僻行，使之隨師；有惡病，使之事醫。不隨師則陷於刑，不事醫則疑於死。慈母雖愛，無益於振刑救死，則存子者非愛也。子母之性，愛也；臣主之權，筴也。母不能以愛存家，君安能以愛存國？」**治國刑多而賞少。**嚴萬里曰：「一切舊本此下並有脱句，案文義當補亂國賞多而刑少七字。」**故王者刑九而賞一，削國賞九而刑一。**陶鴻慶曰：「賞九而刑一當作賞五而刑五，謂稱其過善以行賞罰也。下文『夫過有厚薄，則刑有輕重；善有大小，則賞有多少。此二者世之常用也』云云，皆指賞五刑五之國言之。若作賞九刑一，則與下文義不相屬，大非商子之意矣。去强篇云：『王者刑九賞一，强國刑七賞三，削國刑五賞五。』是其明證。」**夫過有厚薄，則刑有輕重；善有大小，則賞有多少。此二者世之常用也。刑加於罪所終，則姦不去；賞施於民所義，則過不止。刑不能去姦而賞不能止過者，必亂。故王者刑用於將過，則大邪不生；**行刑重其輕者，輕者不生，重者不來也。案大戴禮記禮察篇曰：「禮者禁將然之前，而法者禁於已然之後。」彼儒者之言也，若商君則直欲以法禁將然之前矣。**賞施於告姦，則細過不失。治民能使大邪不生，細過不失，則國治。國治必彊。一國行之，境内獨治。二國行之，兵則少寢。**陳啟天曰：「二國治彊，足以相敵，均不敢輕啟釁端，故兵得以稍息也。」**天下行之，至德復立。此吾以殺刑之反於德而義合於暴也。**俞樾曰：「殺乃效字之誤。此吾以效刑之反於德猶言此吾以明刑之反於德也。荀子正論篇：『故桀、紂無天下而湯、武不弑君，由此效之也。』楊倞注曰：『效，明也。』蓋古語如此。」禮鴻案：反通返。**古者**

民藂生而羣處，亂，嚴萬里曰：「元本、范本闕亂字，秦本有。」禮鴻案：藂，俗叢字。故求有上也。然則天下之樂有上也，嚴萬里曰：「元本、范本無然則天下句，秦本有。」將以爲治也。今有主而無法，其害與無主同；有法不勝其亂，與不法同。不法，藝文類聚五十二引作無法。天下不安無君而樂勝其法，朱師轍曰：「樂，安也。」則舉世以爲惑也。夫利天下之民者莫大於治，而治莫康於立君。立君之道，莫廣於勝法。勝法即任法。淮南子詮言篇：「聖人勝心，衆人勝欲。」王念孫謂：勝，任也，言聖人任心，衆人任欲也。說文：「勝，任也。」任與勝聲相近。任心任欲之爲勝心勝欲，猶戴任之爲戴勝。說詳讀書雜誌。韓非子五蠹篇：「夫垂泣不欲刑者，仁也；然而不可不刑者，法也。先王勝其法，不聽其泣。」勝其法即任其法，與勝法語例同。勝法之務，莫急於去姦。去姦之本，莫深於嚴刑。故王者以賞禁，賞於告姦，故姦得禁。以刑勸，懲於彼則勸於此。求過不求善，藉刑以去刑。嚴萬里曰：「范本求過下有闕文五。」王時潤曰：「崇文本亦無闕文。」禮鴻案：指海本亦無闕文，是。

商君書錐指卷三

壹言第八

篇題壹言者，農戰篇曰：「明君修政作壹，去無用，止浮學事淫之民，壹之農」是也。篇内自「上爵尊而倫徒舉」以上，述農戰之旨，以下述開塞之旨。

凡將立國，制度不可不察也，治法不可不慎也，國務不可不謹也，事本不可不摶也。

俞樾曰：「事猶立也，言立本不可不摶也。禮記郊特牲篇：『信事人也。』鄭注曰：『事猶立也。』是其義矣。字亦作傳。周官大宰職：『以任百官。』鄭注曰：『任猶傳也。』釋文曰：『傳，側理反，猶立也。』賈疏曰：『東齊人物立地中爲傳。』」禮鴻案：事本者，事之本也。下文曰：「民之從事死制」，從事承事本言，死制承制度言，甚明。事本謂農戰，故下曰：「事本摶則民喜農而樂戰。」唯農戰爲一切國事之本，故農戰篇曰：「國有事則學民惡法，商民善化，技藝之民不用，故其國易破也。夫農者寡，而游食者衆，故其國貧危。今夫螟、螣、蚼、蠋，春生秋死，一出而民數年不食。今一人耕而百人食之，此其爲螟、螣、蚼、蠋亦大矣。雖有詩書，鄉一束，家一員，獨無益於治也，非所以反之之術也。故先王反之於農戰。」事本之事即農戰篇有事之事，俞説非也。又案：治法者，制度之實；事本者，國務之實。孟子言道揆法守，治法猶法守，制度猶道揆也。農戰篇曰：「善爲國者，官法明，故不任知慮；上作壹，故民不偷營，則國力摶。」此爲四事，農戰篇爲二事，一而已矣。**制度時則國俗可化而民從制，**當時而立法，因事而制禮。禮法以時而定，制令各順其宜，兵甲器備各便其用。（見更法篇。）民愚則知可以王，世知則力可以王。古之民樸以厚，今之民巧以僞，故效於古者先德而治，效於今者前刑而法。（法疑當作治，此見開塞篇。）此商君以爲治國之都凡，不可不先定者也。**治法明則官無邪，**民從制，官無邪，互言之也。治法明則賞罰明，則民從事死制。又靳令篇曰：「重刑明民（韓非子有此民字。）大制」，即此所謂制度也。**國務壹則民應用，事本摶則民喜農而樂戰。夫聖人之立法化俗而使民朝夕從事於農也，**嚴萬里曰：「秦本俗作治，范本夕作暮。」**不可不知也。**嚴萬里曰：「一切舊本知作變，此依秦本。」禮鴻案：變讀爲辨。荀子正論篇：「不知逆順之理、小大至不至之變者也。」即小大至不至之辨。秦本臆改，不足從。**夫民之從事死制也，以上之設榮名、置賞罰之明也。不用辯說私門，而功立矣。故民之喜農樂戰也，見上之尊農戰之士而下辯說技藝之民，而賤游學之人也。故民壹務，其家必富而身顯於國。上開公利而塞私門，以致民力；私勞不顯於國，私門不請於君，**以治法明。**若此而功臣勸。則上令行而荒草闢，淫民止而姦無萌。治國能摶民力壹民務者彊，能事本而禁末則富。夫聖人之治國也，能摶力，能殺力。**摶力以致彊，殺力以持彊。**制度察則民力摶，摶而不化則不行。**荀子天論篇云：「因物而多之，孰與騁能而化之？」此化字義同，易所謂「變而通之以盡利」是也。**行而無富則生亂。**民之從事，以能致富，無富故亂。富者有淫，故又廢之。兩者相持，此所謂摶力殺力也。**故治國者，其摶力也以富國彊兵也，其殺力也以事敵勸民也。**以，用也下。

「摶力以壹務，殺力以攻敵」，以字義同。夫開而不塞則短長，長而不攻則有姦。開塞者，辯説游學技藝所由得利禄之門或開之、或塞之也。此與上云「上開公利而塞私門」皆與開塞篇言開塞不同。塞而不開則民渾，渾而不用則力多。力多而不攻，則有姦蝨。陶鴻慶曰：「短乃知字之誤。知與智同，長讀上聲。長而不攻當作知長而不攻，攻，治也。知長而不攻與力多而不攻相對成文。墾令篇云：『民不貴學則愚，愚則無外交。』靳令篇云：『物多末衆，農弛姦勝，則國必削。』可證此文之義。又案：『則有姦蝨』姦字涉上而衍。自外言之，故曰姦；自内言之，故曰蝨。力多而不攻則有蝨，與知長而不攻則有姦亦相對成文。去彊篇云：『國彊而不戰，毒輸於内，禮樂蝨官生，必削。』靳令篇云：『國富而不戰，偷生於内，有六蝨，必弱。』可證此文之義。」故摶力以壹務也，殺力以攻敵也。治國者貴民壹。民壹則樸，樸則農。農則易勤，勤則富。富者廢之以爵，不淫；淫者廢之以刑而務農。殺、攻、廢，一也。廢之以爵，即靳令篇云「民有餘糧，使民以粟出官爵」，廢之以刑，即本傳所謂「事末利及怠而貧者舉以爲收孥」。故能摶力而不能用者必亂，能殺力而不能摶者必亡。徒耗民力，不能息之，無本者也。故君知齊二者，其國彊；王時潤曰：「齊當讀爲劑。所謂二者，即指摶力殺力而言。」不知齊二者，其國削。夫民之不治者，君道卑也；王時潤曰：「道，由也。」法之不明者，君長亂也。故明君不道卑不長亂也。秉權而立，垂法而法治，王時潤曰：「當依崇文本删下法字。」禮鴻案：指海本亦無下法字。以得姦於上而官無不，王時潤曰：「不疑當作邪，或屬下爲句。」禮鴻案：無邪是也。上云：「治法明則官無邪」，此云垂法而治即彼云治法明，此云以得姦於上而官無邪即彼云官無邪也。就官而言，故曰得姦於上；下賞罰句就民而言。賞罰斷而器用有度。説民篇曰：「王者刑賞斷於民心，器用斷於家。」周禮司馬橐人：「掌受財于職金以齎其工。弓六物，爲三等；弩四物，亦如之；矢八物，皆三等；箙亦如之。春獻素，秋獻成，書其等以饗工。乘其事，試其弓弩，以下上其食而誅賞。」此賞罰斷而器用有度之例。**若此，則國制明而民力竭，**竭力以爲上用也。**上爵尊而倫徒舉。**嚴萬里曰：「案：倫徒字當有誤。」禮鴻案：此不必爲誤，倫徒舉猶言人才至耳。夫上錫爵以致功勞，若爵不足慕，則人必不自竭也。算地篇曰：「其國刑不可惡而爵禄不足務也，此亡國之兆也。」

今世主皆欲治民，而助之以亂；嚴萬里曰：「以秦本作於，范本作闕文。」王時潤曰：「以字不當有，崇文本無。」禮鴻案：未見以字所以不當有者。**非樂以爲亂也，安其故而不闚於時也。**說文曰：「闚，閃也。閃，闚頭門中也。」蓋謂探視。**是上法古而得其塞，**任知不任力則得塞。**下修令而不時移，**俞樾曰：「令乃今字之誤，下修今與上法古爲對文。下文曰：『故聖人之爲國也，不法古，不修今。』是其證。」王時潤曰：「修當作循，下同。」禮鴻案：楚辭曰：「聖人不凝滯於物，而能與世推移。」**而不明世俗之變，**古之民樸以厚，今之民巧以僞，是也。**不察治民之情，**民愚則知可以王，世知則力可以王；民愚則力有餘而知不足，世知則巧有餘而力不足。民之生，不知則學，力盡而服。是也。（並開塞篇。）**故多賞以致刑，輕刑以去賞。夫上設刑而民不服，賞匱而姦益多，故民之於上也先刑而後賞。**算地篇曰：「刑人無國位，戮人無官任。刑人有列，則君子下其位；（戮人）衣錦食肉，則小人冀其利。君子下其位則羞功，小人冀其利則伐姦。」義與此同。羞功即後賞，伐姦即先刑。蓋賞多則賞不足重，故民後之；刑輕則刑不足畏，故民犯刑以冀姦利。先後與「仁者先難後獲」之先後同義。說民篇：「罰重，爵尊；賞輕，刑威。」足與此文相發。朱師轍曰：「民之於上也，當作上之於民也」，存參。**故聖人之爲國**

也，不法古，不修今，因世而爲之治，度俗而爲之法。故法不察民之情而立之，則不成；治宜於時而行之，則不干。干犯也。謂民不犯逆之。故聖王之治也，慎爲察務，歸心於壹而已矣。簡書曰：「慎爲察務宜作慎法察務。法字篆書從廌，與爲形近而誤。」禮鴻案：簡説是也。上文曰：「治法不可不慎也，國務不可不謹也。」是其證。

錯法第九

錯，置也。

臣聞古之明君，錯法而民無邪，舉事而材自練，賞行而兵彊，王時潤曰：「賞行二字宜乙。下文『行賞而兵彊者』正承此而言。」此三者，治之本也。夫錯法而民無邪者，法明而民利之也。舉事而材自練者，功分明。功分猶職分也。功分明則民盡力，民盡力則材自練。行賞而兵彊者，爵禄之謂也。爵禄者，兵之實也。法者，爵禄之所由予；事者，爵禄之所加；立法以示民，使以事求爵禄，中程者予，不中程者否。是三者之中，爵禄最其實也，故以下專言之。是故人君之出爵禄也道明，王時潤曰：「道，由也。下同。」道明則國日彊，道幽則國日削。故爵禄之所道，存亡之機也。夫削國亡主，非無爵禄也，其所道過也。三王五霸，其所道不過爵禄，而功相萬者，其所道明也。簡書曰：「其所道不過應斷句。爵禄下尚有脱文如同字之類，若曰爵禄相同而功效乃相萬者，然後可通。」禮鴻案：此當以其所道不過爵禄爲讀。其所道不過爵禄者，謂三王五霸所道亦不過爵禄而已。不過爵禄與非無爵禄文正相對；云非無，則見其未嘗少；云不過，則見其未有加。文義甚明，並無脱文。簡以過不過相對，誤矣。孟子滕文公篇：「或相倍蓰，或相什伯，或相千萬。」呂氏春秋貴當篇：「此功之所以相萬也。」注：「萬，倍也。」是以明君之使其臣也，用必出於其勞，賞必加於其功。功賞明則民競於功。陶鴻慶曰：「此當云用賞明則民盡力以競於功，承上用必出於其勞賞必加於其功而言。下文云：『爲國而能使其民盡力以競其功，則兵必强矣。』又承此而言也。」禮鴻案：功賞明者，謂賞當其功而無欺。言功賞足以包勞用，云用賞明則不辭，陶補字是，改字未確。爲國而能使其民盡力以競於功，則兵必彊矣。

同列而相臣妾者，貧富之謂也。同實而相并兼者，彊弱之謂也。有地而君，或彊或弱者，亂治之謂也。苟有道里，嚴萬里曰：「范本里作理。」禮鴻案：作理非也。道者，道路；里者，里居。此與孟子「天下之旅皆悦而願出於其路，天下之民皆悦而願爲之氓」相似。地足容身，士民可致也。苟容市井，疑當作苟有市井，涉上文容身而誤。財貨可衆也。簡書曰：「衆，崇文本作聚，義長。」禮鴻案：指海本亦作聚。有土者不可以言貧，有民者不可以言弱。嚴萬里曰：「周氏涉筆引作有地不憂貧，有民不憂弱。」禮鴻案：所引蓋節文。地誠任，任地義見算地篇。不患無財；民誠用，不畏彊暴。德明教行，則能以民之有爲己用矣。此云教德，蓋猶韓非言刑德。賞以爵禄曰德，督以威刑曰教。故明主者，用非其有，用民之有，故非其有。使非其民，君與民本不相有，能用術數則民爲君用，非必欲君愛民、民愛君若父子腹心然也。故曰使非其民。或曰：能來外民，亦可謂使非其民。呂氏春秋用民篇：「夙沙之民自攻其君而歸神農，密須之民自縛其主而與文王。湯武非徒能用其民也，又能用非己之民。能用非己之民，國雖小，卒雖少，功名猶可立。」用非己之民，所謂用非其有也。明主之所貴惟爵其實，爵其實，而榮顯之。嚴萬里曰：「秦本無榮顯之字，范本全作闕文，并不疊爵其實字。今依元本。」不榮，則民不急。列位不顯，則民不事爵。爵易得也，則民不貴上爵。列爵禄賞不道其門，則民不以死争位矣。藝文類聚五十一引此文曰：「明主之所貴唯爵。爵賞不榮，其民不急。列爵不顯，則民不事。爵易得，則民不貴。禄賞不道，則民不以死争位矣。」御覽一百九十八引作「明王之所貴唯爵。其賞不榮，則民（脱不字）急。其列不顯，則民不事。爵易得也，則民不貴。」錢熙祚刻指海本，已據二書删正今本。今録其所定於次，疑昧者可豁然也：明王（當作主。）之所貴唯爵。其實不榮，則民不急。其列不顯，則民不事。爵易得也，則民不貴。列爵禄賞不道其門，則民不以死争位矣。人君而有好惡，故民可治也。陶鴻慶曰：「當作人生而有好惡。好惡以民言，不以君言。下文『夫人情好爵禄而惡刑罰』云云，即申説此義。今本作人君，涉下文而誤。」人君不可以不審好惡。好惡者，賞罰之本也。夫人情好爵禄而惡刑罰，人君設二者以御民之志而立所欲焉。夫民力盡而爵隨之，御覽一百七十一引作夫民力盡而名隨之。朱師轍曰：「各本爵隨作君隨，證以御覽，知君乃名字之誤。秦四麟以意改爵，嚴校從之，而不注各本，非是。」功立而賞隨之，人君能使其民信於此如明日月，御覽引作信此明於日月。則兵無敵矣。

人君有爵行而兵弱者，有禄行而國貧者，有法立而亂者，王時潤曰：「當依下文亂上增治字。」此三者，國之患也。故人君者，先便請謁而後功力，朱師轍曰：「各本功力下有之精二字，嚴校删去，非也。蓋精乃賞字之譌。」禮鴻案：後功力之賞義不可通。此云先後，猶貴賤也。書意謂功力當在所貴耳，若功力乏賞，則何貴賤先後之可言乎？篆文之字與先字上半相同，精字與請字形近，蓋即先請二字之誤而衍者。陶鴻慶曰：「便下當有辟字。君臣篇云：『或事便辟而請之。』此其證。」則爵行而兵弱矣。此行賞之失。民不死犯難而利禄可致也，則禄行而國貧矣。舉事之失。死上疑當有出字或輕字。戰法篇曰：「難故輕死。」出死者，賞刑篇：「出死而爲上用。」荀子富國篇：「出死斷亡以覆救之。」又：「爲之出死斷亡而不愉。」（不字依王念孫增。）韓非子安危篇：「戰士出死而願爲賁、育。」出當讀爲黜，亦輕也。法無度數而治日煩，則法立而治亂矣。錯法之失。是以明君之使其民也，使必盡力以規其功，陶鴻慶曰：「規蓋競字之誤。上文：『爲國而能使其民盡力以競其功。』是其證。」功立而富貴隨之，無私德也，故教流成。如此，嚴萬里曰：「案此句當有闕誤。」王時潤曰：「流當作化。此文當以教化成爲句，如此二字屬下讀。」禮鴻案：如此屬下是也。流疑德之譌，草書形相近耳。上文曰：「德明教行。」則臣忠君明治著而兵彊矣。

故凡明君之治也，任其力，不任其德，是以不憂不勞而功可立也。度數已立而法可修，修當作循。故人君者不可不慎己也。夫離朱見秋豪百步之外，莊子駢拇篇：「而離朱是已。」釋文：「司馬云：『黄帝時人，百步見秋豪之末；一云：見千里針鋒。孟子作離婁。』」而不能以明目易人；烏獲舉千斤之重，或曰：「烏獲爲秦武王時力士，距商鞅死約三十年，詳史記秦本紀。可見此篇非鞅所作。」禮鴻案：説文：「鈞，三十斤也。」不能以多力易人。夫聖人之存體性，不可以易人，王念孫曰：「移、易二字同義，人所共曉。然書傳多訓移爲易，未有訓易爲移者。今案：盤庚曰：『我乃劓殄滅之，無遺育，無俾易種于兹新邑。』言無使移種于新邑也。（正義曰：「易種者，即今俗語云相染易也。惡種在善人之中，則善人亦變易爲惡。」失之。）宣十七年左傳：『喜怒以類者鮮，易者實多。』言怒彼而移于此也。（杜注：「易，遷怒也。」）襄十年傳：『女既勤君而興諸侯，牽帥老夫以至于此。既無武守，而又欲易余罪。』言女欲移罪於余也。定十年傳：『侯犯將以郈易于齊。』言以魯之郈移於齊也。魯語曰：『譬之如疾，余恐易焉。』言恐禍之移於我也。凡同義之字皆可互訓，而注疏多未之及，且有誤解易字者。」（經義述聞三十一。）禮鴻案：易當如王氏訓爲移。易人，謂移於人也。畫策篇曰：「仁者能仁於人，而不能使人仁；義者能愛於人，而不能使人愛；是以知仁義之不足以治天下也。」足以詮此文。**然而功可得者，法之謂也。**此下有脫文，錯在弱民篇，蒙氏說。

戰法第十

漢書藝文志諸子略：「法家，商君二十九篇。」兵書略：「權謀家，公孫鞅二十七篇。」王時潤謂二略所著録即一書。（湖南大學文哲叢刊卷一。）案：劉向典校六藝經傳諸子，而兵書校於任宏，初不相謀。劉歆繼父業，總爲七略，有並存之例。班固據七略作志，乃加删省，其迹猶見於注。章學誠校讐通義專明之，謂之互著。據志注，兵書略權謀家省伊尹、太公、管子、孫卿子、鶡冠子、蘇子、蒯通、陸賈、淮南王九家，技巧家省墨子一家。是謂劉歆於兵書略中本録此十家也。而諸子儒家有孫卿子、陸賈，道家有伊尹、太公、筦子、鶡冠子，墨家有墨子，從衡家有蘇子、蒯子，雜家有淮南内外。嘗試論之：孫卿子在諸子儒家，淮南王在雜家，而又著録於兵書略權謀家，孫卿子則以王霸、議兵諸篇故，淮南王則以兵略篇故，不必全書皆言兵也。墨子在諸子墨家，而見於兵書略技巧家，則以備城門以下諸篇故，不必全書皆言兵也。商君書昌言兵農，其專言兵者又有此下三篇及後竟内篇，固得互存於諸子兵書。班氏循而不省，或係偶爾漏删，或因商君公孫鞅題號不同而失删也。王氏謂兩略所録即一書，其説甚是。至二十九、二十七篇數不同，則劉向、任宏所據之本本不必同，分合多寡之間已不可考，不得斠令畫一矣。

凡戰法必本於政，勝則其民不爭，陶鴻慶曰：「政勝二字當重。」禮鴻案：此重一政字即得。凡戰法必本於政句，政勝則其民不爭句。下文「故王者之政」，即承此必本於政而言。説民篇曰：「民勝其政，國弱；政勝其民，兵彊。」畫策篇：「能勝彊敵者，必先勝其民者也。」**不爭則無以私意，以上爲意。**王時潤曰：「崇文本無下不字。」禮鴻案：王謂兩「不爭」字崇文本無下一不字也。孫星衍本、指海本亦無不字，義長。爭字冒下二句。無以私意，則怯於邑鬭。**故王者之政，使民怯於邑鬭而勇於寇戰。**嚴萬里曰：「范本邑作私。」禮鴻案：韓非子八姦篇：「軍旅之功無踰賞，邑鬭之勇無赦罪。」舊注：「邑鬭勇，（勇上脱之字。）謂持其力與人私鬭。」此作邑鬭，是。寇戰，攻敵也。**民習以力攻，難。難故輕死，**民習以力攻逗，難字句絶，難故輕死又一句。欲民習於以力攻敵，始甚難也。既已習之，則難者亦易矣，故輕死。説民篇曰：「國好力，曰以難攻；國好言，曰以易攻。民易爲言，難爲用。國法作民之所難，兵用民之所易。」此云「民習以力攻，難」，即國法作民所難之説。「難故輕死」，即兵用民之所易之説。崇文本不疊難字，非也。**見敵如潰；，**簡書曰：「見敵如潰，猶書謂從惡如奔，從善如流，言兵之舍死趨敵，勢之勇猛，不可制止，如水之潰然。」**潰而不止則免。故兵法大戰勝逐北無過十里，小戰勝逐北無過五里。**兵力欲其厚，氣欲其怒。過用則耗竭，勝勿窮追，所以盛力蓄怒，求爲可繼也。今傳司馬法曰：「古者逐奔不過百步，縱綏不過三舍。」裴駰史記晉世家集解引縱綏作從遯，曰：「三舍，九十里也。」免字義未詳。**兵起而程敵，**禮記儒行篇：「引重鼎不程其力。」鄭玄注：「程，猶量也。」程敵即量敵。**政不若者勿與戰，食不若者勿與久，**久謂相歫日久。説文：「久，從後灸之，象人兩脛後有歫也。周禮曰：『久諸牆以觀其橈。』」段玉裁曰：「火部曰：『灸，灼也。』灸有迫箸之義，故以灸訓久。士喪禮：『鬲幎用疏布久之。』鄭曰：『久讀爲灸，謂以蓋塞鬲口也。』既夕：『苞、筲、罋、甒皆木桁久之。』鄭曰：『久讀爲灸，謂以蓋案塞其口。』此經二久字本不必改讀，蓋久本義訓從後歫之，引伸之，則凡歫塞皆曰久。鄭以久多訓長久，故易爲灸以釋其義。考工記：『灸諸牆以眂其橈之均。』鄭曰：『灸猶柱也，以柱兩牆之間。』許所偁作久，與禮經用字正同。許蓋因經義以推造字之意，因造字之義以推經義，無不合也。相歫則其候必遲，故引伸爲遲久。」戰國楚策：「張儀説楚王曰：『臣聞之，兵不如者勿與挑戰，粟不如者勿與持久。』」**敵衆勿爲客。**春秋公羊莊二十八年傳：「伐者爲客，伐者爲主。」何休注：「伐人者爲客，讀伐長言之；見伐者爲主，讀伐短言之。齊人語也。」**敵盡不如，擊之勿疑。故兵大律在謹論敵察衆，則勝負可先知也。王者之兵，勝而不驕，敗而不怨。**戰國秦策：「王兵勝而不驕，伯主約而不忿。」**勝而不驕者，術明也；敗而不怨者，知所失也。若兵敵彊弱，**嚴萬里曰：「案：弱字誤，或下有缺文。」王時潤曰：「兵敵彊弱當作敵彊兵弱。」簡書曰：「嚴説是。蓋商子原意似謂兵敵相若則將賢者勝耳。若兵弱敵彊，勝敗已不必問，非闇於敵我之形者，未敢以國與軍作孤注者也。豈兵起而知程敵、知敵我之政、知敵我之食與衆者宜出哉？故王説於語似通，於理殊陋。」禮鴻案：作敵彊兵弱是也。此文意在抑揚其詞，極言政出廟算之要。故謂將賢則兵弱亦勝，政出廟算則將不如亦勝。語意逆推而上，曉然可知，豈如簡説商子原意謂兵敵相若則將賢者勝乎？若以兵弱必敗，則將不如亦勝又何説焉？且如韓信背水之戰，兵纔數萬，趙軍號二十萬，而能破趙；信之自言曰：「信非得素拊循士大夫也，是所謂驅市人而戰之。」是非兵弱將賢而勝乎？然則王説於語實通，於理不陋。**將賢則勝，將不如則敗。若其政出廟算者，將賢亦勝，將不如亦勝。**孫子計篇：「夫未戰而廟算勝者，得算多也；未戰而廟算不勝者，得算少也。」杜牧注：

「廟算者，計算於廟堂之上也。」張預注：「古者興師命將，必致齋於廟，授以成算，故謂之廟算。」**持勝術者，**嚴萬里曰：「秦本持上有政久字。」禮鴻案：指海本亦有政久字，是也。此即篇首所謂「凡戰法必本於政」也。**必彊至王。若民服而聽上，**聽，從也。**則國富而兵勝，行是必久王。**孫詒讓曰：「當作行是久必王。今本誤倒，不可通。」**其過失，無敵深入，偕險絕塞，民倦且饑渴，而復遇疾，此其道也。**嚴萬里曰：「其過失以下一切舊本並多舛誤。今案文義當作兵之過失，在深入敵，阻險絕塞，民倦且饑渴，而復遇疾，此敗道也。」孫詒讓曰：「偕險義難通，偕當爲偝，形近而譌。偝與背同。」（禮記明堂位注：「負之言偝也。」釋文云：「偝，本作背。」）禮鴻案：孫改偕爲偝，嚴改其過失爲兵之過失，其道爲敗道，皆是。惟改無敵深入則非。無當讀作慢。無屬輕脣音微紐，慢屬重脣音明紐，古音微紐歸明也。廣雅：「曼，無也。」曼可訓無，則無可訓慢矣。韓非子詭使篇：「威利，所以行令也；」而無利輕威者世謂之重。」無利輕威即慢利輕威，無敵深入即慢敵深入也。絕者，文選封燕然山銘注：「漢書曰：『衞青復將六將軍絕漠。』臣瓚曰：『直度曰絕。』」塞者，戰國秦策曰：「世主不敢交陽侯之塞。」注：「塞，隘處也。」偝險則猝不易退，絕塞則疲不堪進，是敗道也。饑當作飢。**故將使民者，乘良馬者不可不齊也。**嚴萬里曰：「案：使民者下當有缺文。」朱師轍曰：「乘良馬者當作若乘良馬者。齊，謂整齊調和也。」禮鴻案：此未詳，疑嚴說近是。

立本第十一

凡用兵，勝有三等。若兵未起則錯法，有錯法篇。**錯法而俗成，**史記本傳曰：「令鞅爲左庶長，卒定變法之令。有軍功者各以率受上爵，爲私鬭者各以輕重被刑。」此錯法之説行於秦者也。又韓非子初見秦篇（此篇非韓非作，蓋作於秦昭王時，莫能得其主名。）曰：「今秦出號令而行賞罰，有功無功相事也，出其父母懷衽之中，生未嘗見寇耳，聞戰，頓足徒裼，犯白刃，蹈爐炭，斷死於前者，皆是也。」若此，可謂俗成者矣。**而用具，**孫詒讓曰：「俗成二字當重，今本誤脱。」**此三者行於境内，而後兵可出也。行三者有二勢：一曰輔法而法，**王時潤曰：「法下當依崇文本增行字。」禮鴻案：孫星衍本、指海本亦有行字，是也。**二曰舉必得而法立。**三等以錯法爲本。然法不能自行自立，必有行之立之者。畫策篇曰：「國皆有法，而無使法必行之法。國皆有禁姦邪、刑盗賊之法，而無使姦邪盗賊必得之法。爲姦邪盗賊者死刑，而姦邪盗賊不止者，不必得。必得而尚有姦邪盗賊者，刑輕者不得誅也。必得者，刑者衆也。故善治者刑不善而不賞善，故不刑而民善。不刑而民善，刑重也。刑重者民不敢犯，故無刑也。」是法以必得而立，以重刑而行。必得者，設告姦之賞不告姦之罰也。舉，即告姦也。輔法上當有脱文，其刑字歟？**故恃其衆者謂之葺，恃其備飾者謂之巧，恃譽目者謂之詐。此三者恃一，因其兵可禽也。**朱師轍曰：「説文：『葺，茨也。』以茅蓋屋曰茨，言恃衆者如以茅蓋屋，雖多而不堅固也。備飾，謂守備觀美而無實力也。譽目，謂徒有虚聲也。禽，獲也。韓策：『兵爲秦禽。』」禮鴻案：葺當作茸，字之誤也。王安石相鶴經：「六十年，大毛落，茸毛生。」南宋龍舒本如此，明應雲鸑本作葺，是也。田藝蘅留青日札摘抄卷三，獅子條：「漢書：烏弋山離國出獅子。孟康曰：『獅子，似虎，正黄，有頓耏，尾端茸毛大如斗。』」漢書西域傳注正作茸毛。皆茸誤爲葺之例。茸假借爲宂。集韻上聲二腫韻：「傇，乳勇切，不肖也。一曰：傇傇，劣也。通作茸。」傇傇即闒茸。是茸得借爲宂也。宂者，説文云：「散也。」漢書成帝紀：「關東流宂者衆。」顔師古曰：「宂散失其事業也。」後漢書光武紀：「流宂道路。」兵恃其衆，則怠而不堅，故曰謂之茸，謂之散。備謂械備。兵守篇曰：「使客無得以助攻備。」飾者，荀子王制篇曰：「兵革器械者，我今將修飾之拊循之掩蓋之於府庫。」是也。**故曰：「彊者必剛鬭其意。」鬭則力盡，力盡則備是，故無敵於海内。**是字疑當爲足，屬上讀。備足與力盡對文，謂械備足也。剛鬭其意，即上文所説俗成。鬭則力盡，力盡則備足，即所謂俗成而用具也。周禮考工記曰：「秦無廬。」（鄭注：「不置是工也。廬讀爲纑，謂矛戟柄竹攢柲。」）夫秦之無廬也，非無廬也，夫人而能爲廬也。」此所謂備足者已。**治行則貨積，貨積則賞能重矣。賞壹則爵尊，爵尊則賞能利矣。**賞壹，壹於戰也。爵不濫，故尊。則上能收爵賞之利矣。荀子所謂「利而後利之」也。**故曰：兵生於治而異，俗生於法而萬轉，過勢本於心而飾於備勢。**未詳。**三者有論，故彊可立也。是以彊者必治，治者必彊；富者必治，治者必富；彊者必富，富者必彊。故曰：治彊之道，論其本也。**范本、崇文本、吴勉學本、四庫本、指海本道下有三字，亦未詳。

兵守第十二

四戰之國貴守戰，負海之國貴攻戰。四戰之國好舉興兵以距四鄰者國危。俞樾曰：「舉衍字，蓋即興字之誤而衍者。」**四鄰之國一興事而己四興軍，故曰國危。四戰之國不能以萬室之邑舍鉅萬之軍者，其國危。**史記貨殖傳：「子孫修業而息之，遂至巨萬。」集解：「萬萬也。」漢書食貨志：「庶人之富者累鉅萬。」師古曰：「鉅，大也。大萬，謂萬萬也。」案：萬萬之軍，非當時所得有，蓋誇飾之辭，極言其欲多耳。**故曰：四戰之國務在守戰。守有城之邑，不如以死人之力與客生力戰，其城拔。者死人**

之力也，客不盡夷城，客無從入，朱師轍解詁定本不如作不知，説曰：「不知嚴校本作不如，今從各本改正。者當作若，言守有城之邑不知用民死力與敵生力戰，其城必破。若能得死力，則敵不盡破壞城，無從得入。此謂以民死力與敵生力戰。」禮鴻案：朱改是也。俞樾曰：「夷，平也。」**此謂以死人之力與客生力戰。城盡夷，客若有從入，**若字當爲客字之誤而衍者。上文云「客無從入」，亦無若字。城既盡夷，客有從入決矣。**則客必罷，**罷讀爲疲。**中人必佚矣。**中人，城中之人，主也。**以佚力與罷力戰，此謂以生人力與客死力戰。**死力，已死之力，與前云死人之力謂決死者異也。**皆曰：圍城之患，患無不盡死而邑。此三者，非患不足，將之過也。守城之道，盛力也。**簡書曰：「此文自皆曰以下至將之過也句，中間脱譌極甚。據云此三者非患不足，則此文中必有列舉可患之三事。今三事不聞，而患無不盡死而邑句又無意義，可見舛誤之衆。應俟詳校。」禮鴻案：簡説近是。然此文既他無佐證，無可校也。今以意爲之説，或可備一解。蓋守圍城，既有三軍，不患人不足而患三事。三事者，無一，不盡死二，邑三也。無即慢敵，説見戰法篇。壯男過壯女之軍則慢。邑與悒通。玉篇：「悒，憂悒也。」壯男、壯女過老弱之軍則生憂憐。此云「守城之道，盛力也」，下云「慎使三軍無相過，此盛力之道」，正相應矣。皆曰皆字或故之誤。指海本校曰：「邑字誤，繹史引作巳。」如繹史，則此句通上皆爲攻城者之詞，曰「患守者無不盡死耳矣」。然與下文不相接，疑繹史亦臆改，不足據耳。嚴可均校邑字云：「鄭氏作亡。」鄭氏者，鄭寀本也。亡巳字形相近。若如鄭本，則亡謂逃亡。**故曰：客治簿檄，三軍之多，分以客之候車之數。**簡書曰：「此二語不可通，疑有舛脱。語意似謂客將至則簿檄三軍之衆，而依吾所候得客軍之數酌分吾軍之數，使能相當云爾。」禮鴻案：客治簿檄當爲一句。簿者，士卒軍實之籍；檄者，所以徵調。漢書高帝紀：「吾以羽檄徵天下兵。」師古曰：「檄者，以木簡爲書，長尺二寸，用徵召也。其有急事，則加以鳥羽插之，示速疾也。魏武奏事云：『今邊有警，輒露檄插羽。』是也。」客讀爲窓，謹也。客治簿檄即謹治簿檄。**三軍：壯男爲一軍，壯女爲一軍，男女之老弱者爲一軍，此之謂三軍也。**蒙文通曰：「譙周古史考言：『秦用商鞅計，制爵二十等，以戰獲首級者計而受爵。是以秦人每戰勝，老弱婦女皆死，計功賞至萬數。天下謂之上首功之國。』（史記集解引。）秦戰勝而婦女老弱皆死，正以婦女老弱皆在行間，與於三軍之役。則婦女亦以首功受爵矣。魏氏春秋陳羣奏云：『典籍之文，婦人無分土命爵之制。在禮，婦因夫爵。秦違古法，非先王之令典。』御覽引魏氏春秋爲孫盛書，殆以中國於古婦人無爵，因夫之爵；秦違古法，正謂秦之婦人有爵，故非先王之令典。秦爵二十級皆以首功，婦人有爵，正以婦人服兵役有首功。以此三事相證，三軍有壯女之軍，事自可信。後漢書鄭泰傳言：『關西諸郡，頗習兵事，婦女戴戟操戈挾弓負矢。』自隴以西，婦人任戰之習，漢末猶然。秦起汧渭之首，決有此俗，夫復何疑。（儒學五論廣論秦代之社會篇，後引蒙氏説同。）禮鴻案：墨子備城門篇：「廣五百步之隊，丈夫千人，丁女子二千人，老小千人，凡四千人，而足以應之」，（丈舊作大，四千脱四字，依王引之訂。）旗幟篇言女子爲梯末之旗，號令篇言丁女子老少人一矛，又守城之賞及於男女老少，是女子與於戎伍也。近人朱希祖著論，以備城門以下二十篇皆漢世燕、趙等諸侯王備邊塞時所作城守書而託之墨子。其言若是，則亦漢時女子任兵之證，蓋亦本秦俗也。**壯男之軍，使盛食厲兵，陳而待敵。**盛食，飽食也。陳俗作陣。**壯女之軍，使盛食負壘，**説文：「壘，軍壁也。」負壘，蓋出在壁外。**陳而待令。客至而作土以爲險阻及耕格阱。**嚴萬里曰：「案：及耕格阱不成文，疑耕字誤，或有逸脱。」孫詒讓曰：「耕格當作柞格。周禮雍氏：『令爲阱擭。』鄭注云：『阱，穿地爲塹，所以禦禽獸；其或超踰，則陷焉。擭，柞鄂也。』國語魯語：『鳥獸成，設穽鄂。』韋注云：『穽，陷也。鄂，柞格也。』柞耕形近而誤，阱字上下疑有脱字。」**發梁撤屋，給從，從之；不洽，而熯之；**俞樾曰：「上從字下有脱文，下從字當在不洽下，洽亦當爲給。此文當云：『給，從而口之；不給，從而熯之。』蓋承發梁撤屋言，所發之梁，所撤之屋，其材尚可作他用，若其有餘，則取之而歸；若其力不足，則從而熯之，無使爲敵用也。給與不給，以力之有餘不足言，或兼時之緩急，地之遠近也。給洽古通用。爾雅釋天：『太歲在未曰協洽』，童子逢盛碑作協給，是也。上作給，正字；下作洽，假字；上下文用字不同者，古書往往有之。至上句所缺字，則不可以意補矣。」孫詒讓曰：「嚴可均改撤爲徹，是，當據正。又改給從從之爲給從徒之，案此當作『給從，從之；不給，而熯之』，謂所發徹之材可從入城邑則從之，急卒不及從則焚之。墨子號令篇云：『外空室盡發之，木盡伐之，諸可以攻城者盡內城中。材木不能盡內，即燒之，無令客得用之。』此云從，即墨子所云內城中也。嚴、俞校並失之。」禮鴻案：讀洽爲給，俞説是。改從爲徙，孫説是。給徙逗，徙之句。不洽而熯之，而猶則也。（見經傳釋詞。）説文：「勶，發也。徹，通也。」無撤字，撤乃俗字。詩小雅十月之交：「徹我牆屋」，箋：「徹毀我牆屋。」楚辭天問：「何令徹彼岐社？」王逸注：「徹，毀也。」故嚴改作徹。依説文則正字當作勶，徹乃假借字耳。

使客無得以助攻備。老弱之軍，使牧牛、馬、羊、彘，彘，豕也。**草水之可食者，收而食之，**以草水食四畜也。**以獲其壯男女之食。**四畜以食壯男壯女也。**而慎使三軍無相過。壯男過壯女之軍，則男貴女而姦民有從謀而國亡。喜與其恐有蚤聞，**姦民以下未詳，疑有誤也。**勇民不戰。壯男、壯女過老弱之軍，則老使壯悲，弱使彊憐。悲憐在心，則使勇民更慮而怯民不戰。**使字涉上下文而衍。**故曰：慎使三軍無相過，此盛力之道。**

靳令第十三

此篇與韓非子飭令篇文大同。簡書以爲撰商君書者節取韓子，又雜取商子他文與飭令近似者參列其中。其所持爲證有二：一曰：「商書雜而韓書純，純近真而雜近僞。」一曰：「韓非生前著書，體例謹嚴，自作之與述古，界限非常清白。」禮鴻案：商君一書非鞅自著，此不必諱者。然全書惟言軍制法度諸實事者自爲一類，不甚可考，其屬於通論者，除徠民一篇爲不類外，餘均宗旨純一，略無抵牾，顯然出於一手，即此篇亦非例外也。簡所謂純雜者，徒謂文字整潔與否。夫觀諸子書，亦觀其義而已。簡氏不能明指篇中義有抵牾，而謂之雜，可乎？若以文字從順修整與否論真僞先後，獨不見尚書僞古文視真古文從順，唐、宋之文又視盤誥修整乎？其謂韓非生時著書，自作述古界限極明，又爲未然。非固生時著書，然其書中亦有他人附益者。如初見秦、有度等篇決非韓非自著，案之年代可知。且如存韓篇末直載李斯駁議，更無引語，安在所謂自作之與述古界限非常清白乎？且篇中言「以五里斷者王，以十里斷者彊，宿治者削」。又曰：「民有餘糧，使民以粟出官爵，官爵必以其力，則農不怠。」又曰：「以力攻者出一取十，以言攻者出十亡百。國好力，此謂以難攻；國好言，此謂以易攻。」之數語者，韓非飭令有之，商子農戰、去彊、説民、弱民諸篇亦有之，（弱民：「使民以食出各必有力則農不偷。」即此使民以粟出官爵云云之譌。）而韓非他篇無之。夫爲農戰諸篇所同有，此見與全書義旨之符也。韓子他篇無之，見韓子飭令實取商子也。爲飭令所有，見非撰録商子書者雜取商子他文以入飭令而爲商子之靳令也。然則商、韓誰爲相襲，其有能辨之者矣。

靳令則治不留，嚴萬里曰：「秦本靳作飭。」孫詒讓曰：「此篇與韓非飭令同，作飭是也。」禮鴻案：韓非子飭令篇飭字張鼎文本作飾，盧文弨曰：「古通用。」是也。又韓非子定法篇兩言「法不勤飾於官」，勤飾亦即勤飭，是勤飭同義連文，勤蓋借爲謹也。靳與謹勤音類相同，則靳可通作謹也。靳飭形聲皆遠，未必衆本皆誤而秦本獨是。又説文曰：「靳，當膺也。」段注曰：「左傳曰：『吾從子如驂之有靳。』杜預曰：『車中馬也，言己從書如驂馬之隨靳也。』正義曰：『驂馬之首當服馬之胸，胸上有靳，故云我從子如驂當服之靳。』按左傳：『晉車七百乘，韅、靷、鞅、靽。』杜曰：『在胸曰靷。』此正在胸曰靳之誤，以秦風傳靳環或作靷環證之，其誤正同矣。游環在服馬背上，驂馬外轡貫之，以止驂之出，故謂之靳環。靳者驂馬止而不過之處，故引伸之義爲靳固。」釋名釋形體曰：「筋，靳也。（靳本作力，依畢沅校。）肉中之力靳固於身形也。」然則靳即爲固，法令强固，不可侵壞，義亦通也。**法平則吏無姦。法已定矣，不以善言害法。任功則民少言，任善則民多言。行治曲斷，**孫詒讓曰：「治，韓非作法，似是。」俞樾曰：「曲疑由字之誤，言行治由乎斷也。」禮鴻案：此蓋謂行法須曲盡其斷耳，不改字亦通也。**以五里斷者王，以十里斷者彊。**彊當作弱。説民篇：「以十里斷者弱，以五里斷者彊。」彊與王相當也。去彊篇五里誤作九里，嚴萬里已校正。**宿治者削。**俞樾曰：「宿治者削上尚有日治者王、夜治者彊八字，當據去彊、説民二篇補。」**以刑治，**開塞篇：「效於今者前刑而法。」法當作治。**以賞戰，**弱民篇：「以賞戰民則輕死。」去彊篇：「怯民使以刑必勇，勇民使以賞則死。」**求過不求善。**此説民篇所謂以姦民治也，詳見彼篇。此承以刑治言之。**故法立而不革則顯民變誅計，變誅止責商殊使百都之尊爵厚禄以自伐。**嚴萬里曰：「案：則顯以下一切舊本舛誤相仍，今無從是正。范本商作齊，使作便，亦不成文。」禮鴻案：指海本責商作貴齊，使作便。案：此文誠不可讀，然其間亦有可知者。革疑靳字爛脱其半，即靳令之靳也。法立而不靳爲一讀，以下則説其獘也。商當依范、錢本作齊，責當作質，並字之誤也。質齊即周禮之質劑。天官小宰：「聽買賣以質劑」，注：「質劑，謂兩書一札，同而別之；長曰質，短曰劑，今之券書也。」賈疏：「有人争市事者，則以質劑聽之。長曰質、短曰劑者，案地官質人云：『大市曰質，小市曰劑。』鄭注：『大市，人民馬牛之屬，用長券；小市，兵器珍異之物，用短券。』言兩書一札同而別之者，謂前後作二券，中央破之，兩家各得其一。」是質劑爲買賣之券書也。此文若曰：法立而不靳，則姦民得變亂質劑，收百都之利以要尊爵厚禄，因自以爲得也。其云自伐，即算地篇所謂「小人冀其利則伐姦」是也。墾令篇言百縣，此言百都，都者縣之屬。顧炎武曰：「史記商君傳：『築冀闕宮庭於咸陽，秦自雍徙都之，而集小都、鄉、邑聚爲縣，置令丞，凡三十一縣。』上都國都之都，下都都鄙之都。」（日知録二十二。）自明曰：「謂革爲斬之誤，至墧。『則顯民變誅計』句絶，顯民見康誥，謂顯示於民。責作貴，使作便，亦至墧。止當作之，小雅車舝：『高山仰止』，釋文云：『仰止，本或作仰之。』是止、之互譌之例。尊爵承貴言，厚禄承商言。貴與商，已見去彊篇。此文之意，謂立法不固，徒示民以舞文避責之計耳。此舞文避責之貴商，殊使百都之尊爵厚禄以自伐也。」**國無姦民，則都無姦示。**王時潤曰：「崇文本作姦市，韓非子同，當據改。」禮鴻案：指海本亦作市。案：變亂質劑，是姦市也。**物多末衆，農弛姦勝，則國必削。**去彊篇：「本物賤，事者衆，買者少，農困而姦勸，其兵弱，國必削至亡。」與此文相似。去彊篇下又言「粟爵粟任則國富」，與此文下言「使民以粟出官爵，官爵必以其力，則農不怠」，義又相同。疑此物多末衆四字當作「本物賤，事者衆，買者少」九字，有譌脱耳。乾道本韓非子作「物多者衆」，者衆二字，猶存舊觀於譌闕之餘，可證也。通此文與上質齊姦市云云觀之，大意在重農抑商也。**民有餘糧，使民以粟出官爵。官爵必以其力，則農不怠。四寸之管無當，必不滿也。**淮南子説林篇：「三寸之管而無當。」注：「當猶底也。」**授官予爵出禄不以功，是無當也。國貧而務戰，毒生於敵，無六蝨，必彊。國富而不戰，偷生於内，有六蝨，必弱。**簡書曰：「此數句文與全篇意義不甚相屬，竊意是無當也句下應直接國以功授官予爵爲順，此數語殆從去彊篇舛誤而重出者。」禮鴻案：簡説是。韓非子亦無此數語。**國以功授官予爵，此謂以盛知謀，以盛勇戰。以盛知謀，以盛勇戰，其國必無敵。國以功授官予爵，則治省言寡；此謂以法去法，以言去言。**以法去法當作以治去治，承上治省言之，與下以治致治一律。韓非子正作以治去治。或反以治爲誤，可謂謬矣。**國以六蝨授官予爵，則治煩言生，此謂以治致治，以言致言。則君務於説言，官亂於治邪。**疑當衹作君務於説，官亂於治。簡書曰：「務，崇文本作騖，義長。」禮鴻案：務借爲督，惑也。**邪臣有得志，有功者日退，此謂失。**嚴萬里曰：「案：此句疑有缺文。」**守十者亂，守一者治。法已定矣，而好用六蝨者，亡。民澤畢農則國富。**嚴萬里曰：「案：民澤字疑有誤。」王時潤曰：「澤疑即畢字之誤而衍者。」自明曰：「王説雖是，而未得其情。畢何緣誤作澤？澤疑本作睪，乃畢之誤。荀子王霸篇曰：『睪牢天下而制之。』楊注云：『睪或作畢。』是睪畢互訛之例。本作畢，誤作睪，又誤作澤。後人不知更正，因本書習見民畢農，輒增畢字而未删耳。」**六蝨不用，則兵民畢競勸而樂爲主用。其竟内之民，争以爲榮，莫以爲辱。其次，爲賞勸罰沮。其下，民惡之憂之羞之，**竟上疑當有上字。**修容而以言，**容疑當作善。下文言六蝨有修善。蓋修善之士，尚仁義，稱先王，皆法家以爲虚言無益而欲痛絶之者。故上文曰：「不以善言害法。」又曰：「任功則民少言，任善則民多言。」皆善與言連舉，可爲此當作修善而以言佐證。以言，以，用也。或曰：修容而以言，謂如盜跖譏孔氏縫衣淺帶，矯言僞行，是也。**恥食以上交，**食以上交四字連讀，謂非法之民恥於以食禄之故而自結於上也。管子國蓄篇：「君有山海之金，而民不足於用，是皆以其事業交接於君上也。」此即食以上交矣。**以避農戰，外交以備，**嚴萬里曰：「案：備字誤，或有闕文。」禮鴻案：此四字蓋衍文。外交涉上文上交而誤衍，以備涉上文以避而誤衍，避備聲相近也。**國之危也。有饑寒死亡，**饑當作飢。有飢寒死亡，謂寧飢寒死亡也。史記魯仲連傳：「連有蹈東海而死耳，吾不忍爲之臣也。」有字義與此同。**不爲利禄之故戰，此亡國之俗也。六蝨：曰禮樂，曰詩書，曰修善，曰孝弟，曰誠信，曰貞廉，曰仁義，曰非兵，曰羞戰。國有十二者，上無使農戰，必貧至削。**此言十二者，而中間所列凡九事。農戰、去彊、賞刑三篇並有其文，名目或同或異，數目或十或八，或不舉數。蓋六者乃汪中所謂虚數，必斠而一之，則非矣。十二者成羣，此謂君之治不勝其臣，官之治不勝其民，此謂六蝨勝其政也。十二者成樸，必削。成疑當作有，涉上成羣而誤。去彊、弱民並云：「六者有樸，必削。」是故興國不用十二者，故其國多力而天下莫能犯也。兵出必取，取必能有之；按兵而不攻必富。朝廷之吏，少者不毀也，多者不損也，或曰：毀當是𣪠形近之誤，𣪠借爲埤。說文：「埤，增也。」廣雅：「埤，益也。」此言朝廷之吏，其員額有定數，員數少者不可增加，員數多者不可減損。此說甚韙，如此，則官不濫矣。效功而取官爵，禮記曲禮篇：「效馬效羊者右牽之。」注：「效猶呈見也。」雖有辯言，嚴萬里曰：「秦本、范本雖上有廷字，疑當作朝廷，闕朝字。今依元本刪去。」不能以相先也；嚴萬里曰：「范本能作得。」此謂以數治。

以力攻者，出一取十；以言攻者，出十亡百。國好力，此謂以難攻；國好言，此謂以易攻。重刑少賞，上愛民，民死賞；重賞輕刑，上不愛民，民不死賞。俞樾曰：「死賞皆當作死上，聲之誤也。去彊篇云：『重罰輕賞，則上愛民，民死上。重賞輕刑，則上不愛民，民不死上。』可證此文之誤。」禮鴻案：作死賞亦自可通，死賞即謂死上之賞也。韓非子亦作死賞。去彊篇曰：「勇民使之以賞，則死。」正其義也。或曰：賞少則民何以死之？曰：正唯賞少，故賞足重而民死之也。下云利出一空，即賞少之謂。利出一空者，其國無敵；利出二空者，國半利；利出十空者，其國不守。重刑明大制，不明者，六蝨也。韓非子明下有民字，蓋謂以刑爲大制而明示於民也。此有民字，義更昭晰，無亦得也。民而不明大制，則爲蝨。六蝨成羣，則民不用。是故興國罰行則民親，賞行則民利。嚴萬里曰：「范本作上利。」禮鴻案：指海本亦作上利，是也。說民篇曰：「故興國行罰則民利，用賞則上重。」上重上利一也。既見尊重，故能得其利。韓非子作

「使人則上利」，蓋合賞罰以爲言，言無論刑賞，上皆得其利也，亦上利之證。又案：自重刑明大制至賞行則上利，韓非子祇作「重刑明民大制，使人則上利」二句，語意不明。蓋此篇言六蝨處，入韓子書時皆删去之，此處亦因兩六蝨字而加删節，致語脈失其聯貫也。此最韓子取自商君書之明證。**行罰重其輕者，輕其重者，**嚴萬里曰：「案輕其重者句當在下罪重刑輕上，以舊本相承，不敢擅乙。」王時潤曰：「輕其重者句不當有，韓非子飭令篇亦無，當據删。」禮鴻案：王説是，説民篇亦無，韓非子内儲説上七術篇亦無。（見下。）**輕者不至，重者不來。**俞樾曰：「不至乃不生之誤，當據去彊篇訂。」禮鴻案：俞校至爲生，其義甚長。然韓非子内儲説上七術篇云：「公孫鞅之法也，重輕罪。重罪者，人之所難犯也；而小過者，人之所易去也；使人去其所易，無離其所難，此治之道。夫小過不生，大罪不至。是人無罪而亂不生也。一曰：公孫鞅曰：『行刑重其輕者，輕者不至，重者不來；是謂以刑去刑。』」則商君書舊本有作至者矣。至之與生，雖有別異，要非乖戾。姑録之以見舊本云。**此謂以刑去刑，刑去事成。罪重刑輕，刑至事生；**俞樾曰：「此本作『重重輕輕，刑至事生』，亦當依去彊篇訂。」禮鴻案：俞説是。説民篇：「行刑重其重者，輕其輕者，輕者不止，則重者無從止矣。」**此謂以刑致刑，其國必削。聖君知物之要，故其治民有至要，故執賞罰以壹輔，**農戰篇：「君修賞罰以輔壹教。」壹輔二字不成義，當改爲輔壹教三字。**仁者，心之續也，**或曰：文中除力生彊至德生於力略仿於去彊篇及説民篇外，其餘若所謂「輔仁者，述仁義」，皆顯背商子之旨，可證此篇爲雜湊而成者。禮鴻案：德生於力，德非即此言仁義乎？夫此之仁義，商君之仁義也；分均出後，跖之仁義也；爲是説者，所見亦拘矣。輔字屬上，輔仁亦不當連讀。**聖君之治人也，必得其心，故能用力。**用下疑脱其字，其心其力皆指民。心者，好賞惡刑也。**力生彊，彊生威，威生德，德生於力。聖君獨有之，故能述仁義於天下。**述猶行也。説文：「述，循也。循，行順也。」

修權第十四

操法去私則權在，唯君執之也。

國之所以治者三：一曰法，二曰信，三曰權。行法以信，信法在君。法者，君臣之所共操也；信者，君臣之所共立也；權者，君之所獨制也。韓非子定法篇言法術之別，此言法言信，韓非所謂法也；言權，韓非所謂術也。定法文已引在弱民篇。人主失守則危，君臣釋法任私必亂。釋，置也。故立法明分而不以私害法則治，權制獨斷於君則威，民信其賞則事功成，信其刑則姦無端。端，萌也。惟明主愛權重信而不以私害法。故多惠言而剋其賞，則下不用。嚴萬里曰：「舊本多作不多，於文義悖，今刪去。」禮鴻案：羣書治要引作「故上多惠言而不克其賞」，是也。不克，猶不致也。數如嚴令而不致其刑，則民傲死。嚴萬里曰：「案：如字疑當作加，如、加形近致訛。」王時潤曰：「崇文本亦作加。」禮鴻案：指海本亦作加，治要作「數加嚴命」。凡賞者，文也；刑者，武也；文武者，法之約也。約猶樞紐，韓非子以刑賞爲二柄。故明主任法。嚴萬里曰：「范本任作慎，義長。」明主不蔽之謂明，不欺之謂察。故賞厚而利，刑重而威必，王時潤曰：「崇文本無威字，當據刪。」禮鴻案：治要作「賞厚而信，刑重而必」，此亦舊本有二，一如治要，一作「賞厚而利，刑重而威」耳。然國之所以治者三，二曰信，則作信作必義長矣。不失疏遠，不違親近，不失謂賞，不違謂罰。賞刑篇曰：「親昆弟有過不違，而況疏遠乎？」違，避也。舉親近，則疏遠在其中；舉疏遠，則親近在其中矣，舉重以明輕也。故臣不蔽主而下不欺上。

世之爲治者多釋法而任私議，此國之所以亂也。先王縣權衡立尺寸而至今法之，其分明也。夫釋權衡而斷輕重，廢尺寸而意長短，意，度也。雖察，商賈不用，爲其不必也。此下治要有「故法者國之權衡也」八字，是也。此屬下「夫倍法度而任私議，皆不類（不類當作不知類。）者也」爲句，知商賈必用權衡尺寸，而不知國必用法，此不知類也。無此八字，則不知類無著矣。夫倍法度而任私議，倍讀爲背。皆不類者也。治要類上有知字，當據增。不以法論智、能、賢、不肖者惟堯，能當作罷。荀子王制篇：「賢能不待次而舉，罷不肖不待須而廢。」王先謙曰：「罷謂弱不任事者。」荀書多以賢罷對舉，王霸篇：「無國而不有賢士，無國而不有罷士。」非相篇：「君子賢而能容罷。」正論篇：「故至賢疇四海，湯、武是也；至罷不容妻子，桀、紂是也。」成相篇：「基必施，辨賢罷。」與此同。此以智罷對舉，賢不肖對舉，智罷猶賢罷矣。而世不盡爲堯。是故先王知自議私譽之不可任也，故立法明分，中程者賞之，朱師轍曰：「漢書張蒼傳注：『程，法式也。』」毁公者誅之。誅賞之法不失其議，故民不爭。治要此下有「不以爵禄便近親，則勞臣不怨；不以刑罰隱疏遠，則下親上；故」二十四字，當據增。故字屬下。隱，困阨也。授官予爵不以其勞，則忠臣不進；行賞賦禄不稱其功，嚴萬里曰：「案賦字誤，以形求之，或當作賜。范本作賤，尤誤。」俞樾曰：「賤當作賦，形近而譌。漢書哀帝紀：『皆以賦貧民』，師古注曰：『賦，給予也。』」則戰士不用。

凡人臣之事君也，多以主所好事君。君好法則臣以法事君，君好言則臣以言事君。

君好法則端正之士在前，君好言則毀譽之臣在側。公私之分明，則小人不疾賢而不肖者不妒功。故堯、舜之位天下也，自明曰：「定分篇作立天下，與此文義同。」王厚齋曰：『古文立位同字。』經典通作涖、莅，本字作𥫔。」禮鴻案：說文：「𥫔，臨也。」非私天下之利也，爲天下位天下也。論賢舉能而傳焉，非疏父子親越人也，明於治亂之道也。故三王以義親，親下當脫二字。開塞篇：「神農教耕而王，天下師其知也；湯、武致彊而征，諸侯服其力也。」墨子尚賢中篇：「堯、舜、禹、湯、文、武所以王天下正諸侯者。」此處疑脫天下二字。五伯以法正諸侯，皆非私天下之利也，爲天下治天下。嚴萬里曰：「舊本爲天下上有議字，當屬衍文，故删去。」朱師轍曰：「緜眇閣本、吳本、程本、馮本、范本皆有議字，議乃誠之譌。誠，信也。嚴校删去，非。」是故擅其名而有其功，天下樂其政而莫之能傷也。自明曰：「此段語氣由上節來，言公天下，不以法論賢不肖，然於公私賢不肖治亂之道猶分明不失也。」今亂世之君臣，區區然皆擅一國之利，治要皆下有欲字，當據增。區區，愛欲之貌。廣雅釋訓：「區區，愛也。」而管一官之重，管猶擅也。以便其私，此國之所以危也。故公私之交，存亡之本也。嚴萬里曰：「秦本、范本交作敗，誤。」夫廢法度而好私議，而姦臣鬻權以約禄，而姦而字猶則也，約猶固也。秩官之吏隱下而漁民。秩官之吏未詳，說文：「秩，積也。豑，爵次弟也，從豐弟。虞書曰：『平豑東作。』」今書作平秩，然則秩，借爲豑，次弟也；秩官之吏，其主詮次者歟？農戰篇：「下官之冀遷者皆曰：『多貨則上官可得而欲也。』曰：『我不以貨事上而求遷者，則如以貍餌鼠耳，必不冀矣。若以情事上而求遷者，則如引諸絶纆而求乘枉木也，愈不冀矣。二者不可以得遷，則我焉得無下動衆取貨以事上，而以求遷乎？』」自明曰：「詮叙之事掌於司士，侯國亦有此官。竊以爲秩，次也；次，列也。（見呂氏春秋季冬紀高注。）此秩官之吏猶言列位之吏耳。（列位見錯法篇。）即王制所謂庶人在官者，府史胥徒之屬也。姦臣鬻權則胥吏漁民，古今一轍。主詮叙者但能漁吏，不能漁民。諺曰：「蠹衆而木折，隙大而牆壞。」故大臣爭於私而不顧其民，則下離上。下離上者，國之隙也。秩官之吏隱下而漁百姓，此民之蠹也。故有隙蠹而不亡者，治要故下有國字，是也。天下鮮矣。是故明主任法去私，而國無隙蠹矣。

商君書錐指卷四

徠民第十五

汪中曰：「商子徠民篇稱其君曰王。案：孝公子惠文王即位十四年始更元年，其稱王實在此時。」（舊學蓄疑。）案：近人錢穆曰：「徠民篇云：『今三晉之不勝秦四世矣。自魏襄以來，小大之戰，三晉之所亡於秦者不可勝數。若此而不服，秦能取其地，不能奪其民也。夫秦之所患者，興兵而伐，則國家貧；安居而農，則敵得休息。此王所不能兩成也，故三世戰勝而天下不服。今以故秦事敵，而使新民作本，兵雖百宿於外，境内不失須臾之時，此富强兩成之效也。』又曰：『周軍之勝，華軍之勝，長平之勝，秦之所亡民者幾何？』此其文明出長平戰後，而所以爲秦謀者至精。其意欲乘屢勝之鋒，使戰敗者不得休息，故有徠三晉民耕於内而秦民事戰於外之畫。若在孝公變法時，方務開阡陌，盡地力，内力之未充，其出而戰也，亦闚機抵隙，因便乘勢，非能亟戰而操必勝之權也。無論秦之聲威未震，關東之民不肯襁負而至；即至矣，亦祇以擾秦而亡之；欲求國内一日之安不可得，又何論於亡三晉而一天下哉？史公序商鞅變法，條理悉備，其一民於耕戰則有之矣，徠三晉民耕於内，而驅秦民戰於外，史公無此説也。後世言商君變法者往往以開阡陌與徠民並稱，失之遠矣。」其説甚辨，故録之。

地方百里者，山陵處什一，藪澤處什一，谿谷流水處什一，都邑蹊道處什一，惡田處什二，良田處什四。嚴萬里曰：「秦本作什一。」禮鴻案：秦本誤。以此食作夫五萬，地方百里者得方一里者萬，田土占十之六，爲方一里者六千。方里爲井，井九百畝，一夫受田百畝，井食農夫九家。六千九倍之，可食農夫五萬四千。以中有惡田，故損之，約略得五萬也。作夫即農夫也。其山陵、藪澤、谿谷可以給其材，都邑、蹊道足以處其民，先王制土分民之律也。今秦之地，方千里者五，而穀土不能處二，田數不滿百萬，方千里者一爲方一里者百萬，去山陵、藪澤、谿谷、都邑、蹊道十之四計之，得田六十萬方里。凡方千里者二，得田百二十萬方里。既穀土不能處二，故田不滿百萬也。云百萬者，以方里計之。此非謂土不足，謂已墾者稀也。其藪澤、谿谷、名山、大川之財物貨寶又不盡爲用，此人不稱土也。謂耕者少而土多。秦之所與鄰者，三晉也；孟子梁惠王篇：「晉國，天下莫强焉。」趙岐注：「韓、魏、趙本晉六卿，當此時號三晉。」所欲用兵者，韓、魏也。彼土狹而民衆，其宅參居而并處。其寡萌賈息，嚴萬里曰：「案：此句有脱誤，葉校連下民字讀，亦無義。」孫詒讓曰：「寡萌賈息義難通，疑當作賓萌貸息。賓寡及貸賈並形近而誤。賓萌即客民，對下民爲土著之民也。呂氏春秋高義篇：『墨子曰：翟度身而衣，量腹而食，比於賓萌。』高注曰：『賓，客也；萌，民也。』（萌與氓通，字亦作甿。古凡外來旅居之民謂之氓，周禮閭師謂之新甿，是也。民氓散文則通，對文則異。詳周禮正義。）貸息謂以泉穀貸與貧民而取其息。此言韓、魏國貧，其有餘資以貸息者皆外來之客民，其土著之民則皆上無通名，下無田宅，而恃姦務末作以處。明客民富而土著貧也。」朱師轍曰：「左傳『寡我襄公』，注：『寡，弱也。』呂覽高誘注：『萌，民也。』謂小民無地可耕，多從事商賈以求利息。」禮鴻案：孫、朱二説未詳孰是。然如朱説，則與下「民上無通名，下無田宅，而恃姦務末作以處」句複，當以孫爲長也。民上無通名，下無田宅，而恃姦務末作以處。呂氏春秋上農篇：「農不上聞，不敢私籍於傭。」孫詒讓曰：「上聞，謂賜爵也。前下賢篇説魏文侯東勝齊於長城，虜齊侯獻諸天子，天子賞文侯以上聞。（今本譌作卿，畢依史記樊噲傳如淳注引校正。）史記樊噲傳：『賜上間爵。』集解：『如淳云：間或作聞。』索隱本作聞，引張晏云：『得徑上聞。』晉灼曰：『名通於天子也。』然則此農得上聞者，亦謂名通於官也。商子徠民篇云：『民上無通名，下無田宅』，無通名即不上聞也。」**人之復陰陽澤水者過半。**嚴萬里曰：「案：復陰陽未詳，疑亦有誤。」簡書曰：「説文：『復，往來也。』陰，水之南、山之北也。』爾雅：『山南曰陽。』澤水汙下，原不可以居民，然韓、魏地狹民稠，民之上無通名下無田宅恃姦務末作者輒叢居於水澤汙下之地。此類地不與尋常田土同，可以任意耕作居處，其燥溼汎濫是隨氣節而變遷。大抵春冬時居住者，至夏秋或被湮没；夏秋時住居處，至冬春或過於枯寒。故窮民之叢居河湖斥鹵，均是逐時轉移，無一年不變，且亦來去循環，避溼就燥，故曰復。復者，往來重復之謂，猶言貧民之無田宅而往來居住於水澤之陰陽者殆逾半數。管子宙合篇云：『春采生，秋采蓏，夏處陰，冬處陽。』可例此。不獨古韓、魏然，今湘、楚、江、皖各省濱江湖沿河海一帶，貧民無地寧居者，尚多叢集水際，結束蓬棚而處。除勞力末作者外，大抵姦詐盜僞之民多。且湖田沙田之農民，大都於冬季水涸之時，移就湖河之濱，結茅闢地，樹麥與菽，乘春夏水潦未至時，幸得收穫，終歲之蓄，於是焉賴。大水將至，則又結居高阜，以田以漁，以遂其生。此類湘省洞庭湖中尤多。」禮鴻案：簡説蓋爲近之。但其所言，濱海濱湖之地則然，未必韓、魏如此也。愚謂此但言民庶既多，則并山阿水濱皆居之耳。復宜讀如「陶復陶穴」之復。詩大雅緜曰：「陶復陶穴，未有家室。」箋曰：「復者，復於土上；鑿土曰穴，皆如陶然。」釋文：「復，累土於地上也。説文作寝。」案：説文：「寝，地室也。」陶者，詩疏引説文云：「瓦器竈也。」然則累土如竈形以居之，曰復，即禮記禮運所謂營窟是也。蓋韓、魏之貧民艱於屋材，故居室陋耳。淮南子氾論篇：「古者民澤處復穴。」注：「復穴，重窟也。一説：穴毁隄防厓岸之中以爲窟室也。」復穴即此云復陰陽。陰，山北；陽，山南也。澤處即此云澤水。**此其土之不足以生其民也，似有過秦民之不足以實其土也。**嚴萬里曰：

「范本似作以。」禮鴻案：指海本亦作以。作似作以，皆當讀爲殆。殆從台聲，台從㠯聲，以即㠯之隸變，似又從㠯得聲也。意民之情，意讀作抑，發語詞也。王念孫曰：「抑字或作意。論語學而篇：『抑與之與？』漢石經抑作意。墨子非攻篇曰：『意將以爲利天下乎？』莊子駢拇篇曰：『意仁義其非人情乎？』意並與抑同。」（讀書雜志餘編。）其所欲者田宅也。而晉之無有也信，秦之有餘也必。如此而民不西者，秦士戚而民苦也。臣竊以王吏之明爲過見，此其所以弱不奪三晉之民者，弱字涉下文衍。愛爵而重復也。愛，吝也。孟子曰：「百姓皆以王爲愛也。」又曰：「吾非愛其牛。」義同此。下文「此愛於無也」，義亦同。重，猶愛也。復者，漢書王子侯表：「德哀侯廣玄孫長安大夫猛，詔復家。」師古曰：「復家，蠲賦役也。」刑法志：「中試者復其户。」師古曰：「復謂免其賦税也。」武帝紀：「年八十，復二筭。七十，復甲卒。」張晏曰：「二筭，復二口之筭也。復甲卒，不豫革車之賦也。」鼂錯傳：「秦之發卒也，有萬死之害，而亡銖兩之報。死事之後，不得一算之復。」然則復有免税、免役明矣。下文云：「復之三世無知軍事」，此免役之復；「陵阪丘隰不起十年征」，此免税之復也。簡書以復者復其身，與免除租税爲二事，持論甚堅，愚故引武帝紀、鼂錯傳明文以見其不然云。案去彊篇曰：「重罰輕賞，則上愛民，民死上；重賞輕罰，則上不愛民，民不死上。」（説民、靳令篇語相似。）壹言篇：「多賞以致刑，輕刑以去賞。」畫策篇：「善治者刑不善而不賞善。賞善之不可也，猶賞不盜。」今以愛爵重復爲過見，固已與商君素論不類矣。其説曰：「三晉之所以弱者，其民務樂而復爵輕也。輕，謂易得。秦之所以彊者，嚴萬里曰：「舊本秦上有今字，據文義删。」其民務苦而復爵重也。今多爵而久復，是釋秦之所以彊，而爲三晉之所以弱也。」此王吏重爵愛復之説也，陶鴻慶曰：「重爵愛復當作愛爵重復，兩見上下文。」而臣竊以爲不然。夫所以爲苦民而彊兵者，將以攻敵而成所欲也。兵法曰：嚴萬里曰：「范本法作稱。」「敵弱而兵彊。」此言不失吾所以攻，而敵失其所守也。以故秦事敵而使新民作本，兵雖百宿於外，竟內不失須臾之時，此不失吾所以攻也。春違其農，夏食其食，秋取其刈，冬凍其葆，使不得休息，此敵失其守也。史記虞卿列傳：「語曰：彊者善攻，弱者不能守。」今三晉不勝秦四世矣。自魏襄以來，王時潤曰：「魏襄王元年爲秦惠文君四年，距商君之死已四年。」（湖南大學文哲叢刊卷一。）簡書曰：「孝公與魏惠並世。史記秦本紀：『孝公元年，河山以東彊國六，與齊威、楚宣、魏惠、燕悼、韓哀、趙成侯』云云。又：『會往者厲、躁、簡公、出子之不寧，國家內憂，未遑外事。三晉奪我先君河西地，諸侯卑秦，醜莫大焉。獻公即位，鎮撫邊境，徙治櫟陽，且欲東伐，復穆公故地，修穆公之政令。寡人思念先君之意，常痛於心。』是秦在孝公以前常爲三晉所侵陵，獻公雖奮志圖彊，猶未能得志於三晉也。而此云：『今三晉不勝秦四世矣。自魏襄以來』云云，乃引及歿後數十年之事，然則謂此書爲後人追述而纂述粗疏，於此益信。」禮鴻案：簡說固是。然謂此篇粗疏則可，并謂他篇粗疏，則未是。案：起魏襄王元年，止秦昭王四十七年白起長平之役，秦更三君，惠文王、武王、昭王是也。魏更四君，襄王、哀王、昭王、安釐王是也。韓更五君，昭侯、宣惠王、襄王、釐王、桓惠王是也。趙更四君，肅侯、武靈王、惠文王、孝成王是也。此文自蒙魏襄而言，爲四世也。野戰不勝，守城必拔，小大之戰，其大者，下文所謂周軍之勝、華軍之勝、長平之勝，是也。三晉之所亡於秦者，不可勝數也。若此而不服，秦能取其地而不能奪其民也。今王發明惠，淮南子説林篇：「長而愈明。」注：「明猶盛也。」詩小雅車舝：「景行行止。」傳：「景，大也。」箋：「景，明也。」疏曰：「明亦大也。」此明猶盛也，大也。賞刑篇明賞、明刑、明教義同。諸侯之士來歸義者，歸下范本有闕文二。孫星衍本作歸德就義。今使復之，三世無知軍事，秦四竟之內陵阪丘隰不起十年征者，者字逗。於律也屬下讀。爾雅釋地：「大阜曰陵，陂者曰阪，（郭璞注：「阪陂不平。」）下溼曰隰。」廣雅釋丘：「小陵曰邸。」邸即丘。又，説文：「丘，土之高也。」陵阪丘隰皆陂陀，隰則下溼，生産寡薄，故於來歸之初尤寡其賦也。**於律也足以造作夫百萬。**律，先王制土分民之律。造，猶致也。此謂稽之於律，足以多致作夫矣。畫策篇：「善治民者，塞民以法，而名地作矣。」作造同義。今云造，避作夫耳。**曩者臣言曰：意民之情，其所欲者田宅也；晉之無有也信，秦之有餘也必。若此而民不西者，秦士戚而民苦也。今利其田宅而復之三世，此必與其所欲而不使行其所惡也。然則山東之民無不西者矣。**顧炎武曰：「古所謂山東者，華山以東。管子言『楚者，山東之强國也』，史記引賈生言『秦并諸侯山東三十餘郡』，後漢陳元傳言『陛下不當都山東』，（謂光武都雒陽。）蓋自函谷關以東總謂之山東。」（日知録三十一。）

且非直虛言之謂也。不然，夫實曠土，出天寶，嚴萬里曰：「一切舊本並作『且直言之謂也。不然，夫實壙什虛，出天寶』，今案文義移虛於言上，增非字，改曠土字。」孫詒讓曰：「此文舊本固多舛互，然嚴校亦不確。實壙什虛當作實壙虛。呂氏春秋貴卒篇云：『於是令貴人往實廣虛之地。』此實壙虛與呂覽實廣虛義同。嚴專輒改竄，不可據。」（漢書鼂錯傳云：「徙遠方以實廣虛。」）王時潤曰：「不然二字疑衍。」禮鴻案：孫説實壙什虛當爲實壙虛，至確。然則虛字不當移上。且此文陳事勢已甚明切，不待曰「且非直虛言之謂也」以申重之也。疑直言二字本悳字之譌。言古文與心字篆文形近，見墨子閒詁尚同中篇引洪頤煊説。且借作徂，往也。詩鄭風溱洧：「士曰既且。」釋文：「且音徂，往也。」是也。且悳之謂也句義屬上，所以終山東之民無不西之意，言民以德惠而往就之也。上文「諸侯之士來歸義者」，孫星衍本作「歸德就義」，且悳即歸德。不然二字宜如王説爲衍文。蓋上文云：「而臣竊以爲不然，夫所以爲苦民而彊兵者。」此文亦有夫字，故相承衍不然二字也。天寶，土之所産，穀物之類也。莊子庚桑楚篇：「春氣發而百草生，正得秋而萬寶成。」自明曰：「往德之言見禮記郊特牲，曰：『束帛加璧，往德也。』可作且悳之佐證。」**而百萬事本，其所益多也，豈徒不失其所以攻乎？夫秦之所患者，興兵而伐則國家貧，安居而農則敵**

得休息。嚴萬里曰：「范本少得休字。」此王所不能兩成也，故三世戰勝而天下不服。嚴萬里曰：「舊本服作能，今依文誼改。」王時潤曰：「彙函本作四世戰勝，與上文三晉不勝秦四世矣句合，當據改。」禮鴻案：由秦而言，則當爲三世。說見前。今以故秦事敵，而使新民事本，兵雖百宿於外，竟内不失須臾之時，此富彊兩成之效也。臣之所謂兵者，非謂悉興盡起也；論竟内所能給軍卒車騎，令故秦兵，兵，事敵也。新民給芻食。天下有不服之國，則王以此春圍其農，夏食其食，秋取其刈，冬陳其寶，以大武搖其本，以廣文安其嗣。俞樾曰：「圍當作違，寶當作葆，皆同聲假借字。陳當作凍，形近而誤也。此數語見周書大武篇。其文曰：『四時：一、春違其農，二、夏食其穀，三、秋取其刈，四、冬凍其葆。』孔晁注曰：『凍，謂發露其葆聚。』商君所說，即本周書大武之文，故曰大武搖其本也。」又曰：「以廣文安其嗣，今周書無廣文篇。而文傳篇曰：『文王受命之九年，時維暮春，在鄗，召太子發曰：嗚呼，我身老矣，吾語女我所保與我所守，傳之子孫。』則所謂以廣文安其嗣者，豈即此篇乎？」王時潤曰：「今本逸周書允文解第七，大武解第八，孫詒讓斠補云：『允當作光，光與廣聲近，古多通用。』今案：孫説較俞爲允。」禮鴻案：以大武搖其本，以廣文安其嗣，其字皆指敵國。俞氏引文傳文，則是安己嗣矣，其誤甚明。今案：允文解首曰：「思靜振勝，允文維紀。」孔晁注曰：「以靜規勝，康文紀武。」蓋以康訓允，康者，宏大之也。允無大義而形與光近，光廣皆有大義，孫以允當爲光，蓋由此也。允文曰：「咸問外戚，書其所在；選同氏姓，位之宗子。」朱右曾集訓校釋曰：「問，存問也。外戚，勝國之甥舅。同氏姓，其子孫宗族也。位立古通用，宗子繼别以收族。」此正安其嗣之事也。然則孫義頗允，而王用之，是也。愚不能得周書斠補覆檢，故爲推論如此。此云以大武搖其本，以廣文安其嗣，謂用大武、廣文二篇所言之道也。蓋此二篇者，周之陰謀書，（本謝墉說。）戰國時世頗傳習，故引以爲説也。乃簡書之説曰：「原書之意，謂先以武力搖動六國之根本，再以德化安輯其後嗣而撫有之。」固是也。而又曰：「謂春圍其農等即所謂大武以摇其本則可，謂周書之大武篇以摇其本則不可。苟謂春圍其農云云即所謂以周書大武篇摇其本，試問將何據而指爲周書光文篇以安其嗣乎？」以此譏王氏膠滯不通，此正簡之失考而膠滯耳。呂氏春秋不廣篇：「齊攻廩丘，趙使孔青將死士而救之，與齊人戰，大敗之，齊將死，得車二千，得尸三萬，以爲二京。甯越謂孔青曰：『惜矣，不如歸尸以内攻之。古善戰者，莎隨奔服，彼得尸而財費乏，車甲盡於戰，府庫盡於葬，此之謂内攻之。』孔青曰：『敵齊不尸，（日本松皋圓曰：「敵讀曰適。」）則如何？』甯越曰：『戰而不勝，其罪一；與人出，不與人入，其罪二；與之尸而弗取，其罪三；民以此三者怨上，上無以使下，下無以事上，是之謂重攻之。』甯越可謂知用文武矣。用武則以力勝，用文則以德勝。文武盡勝，何敵之不服？」此言文武與本篇同意，亦可見文武爲當時習用之語也。

王行此，十年之内，諸侯將無異民，言諸侯之民皆爲王有也。**而王何爲愛爵而重復乎？周軍之勝，華軍之勝，秦斬首而東之。東之無益亦明矣，**韓、魏在東，戰敗國蹙，收其民退保，更引而東也。秦徒不能得其民以爲粟，故曰無益。**而吏猶以爲大功，爲其損敵也。今以草茅之地徠三晉之民，而使之事本，此其損敵也與戰勝同實，而秦得之以爲粟，此反行兩登之計也。**陶鴻慶曰：「反當爲居字之誤。居者爲新民，行者謂故民也。上文云：『夫秦之所患者，興兵而伐，則國家貧。安居而農，則敵得休息。此王所不能兩成也。』又云：『今以故秦事敵，而使新民作本，兵雖百宿於外，竟内不失須臾之時，此富强兩成之效也。』皆以居行相對成義。兩登亦即兩成，爾雅釋詁：『登，成也。』是也。」禮鴻案：反猶皆也，兼也。反行即兩登，古人自有此文法，謂既能損敵，又能得粟耳。戰國韓策三「韓甚疏秦，然而見親秦。計之，非金無以也，故賣美人。美人之賈貴，諸侯不能買，故秦買之三千金。韓因以其金事秦，秦反得其金與韓之美人。」又曰：「韓亡美人與金。」案：見，胡甸切，示也。「見親秦」者，謂陽爲親秦也者也。反得即兼得也。論衡謝短篇：「夫儒生所短，不徒以不曉簿書；文吏所劣，不徒以不通大道也；反以閉闇不覽古今，不能各自知其所業之事未具足也。」反猶皆也。**且周軍之勝，華軍之勝，長平之勝，**王時潤曰：「周軍之勝蓋指秦昭王十四年白起攻韓魏於伊闕，（係周地。）斬首二十四萬一事而言，距商君之死已二十五年。華軍之勝蓋指秦昭王三十四年（據秦本紀則在三十三年。）白起擊魏華陽軍，斬首十五萬一事而言，距商君之死已六十五年。長平之勝則指秦昭王四十七年白起殺趙長平卒四十五萬一事而言，距商君之死已七十八年。」（亦見湖南大學文哲叢刊。）或曰：「周軍之勝疑爲秦昭王五十二年取西周之役。」禮鴻案：以序言之，時在先者序亦宜先，伊闕之役則合，西周之役則不合。以事言之，伊闕、華陽、長平三役，殺敵十數萬至數十萬，皆爲大役。即秦亦不能無折傷，故此文有秦之所亡民者幾何之語。若西周之役，則史記之曰：「昭王五十一年，西周君背秦，與諸侯約從，將天下鋭兵出伊闕攻秦，令秦毋得通陽城。於是秦使將軍摎攻西周，西周君走自來歸，頓首受罪，盡獻其邑三十六城，口三萬。秦王受獻，歸其君於周。五十二年，周民東亡，其器九鼎入秦，周初亡。」（史記秦本紀。）是秦一出師，周君即懼而來歸，周秦毁折均寡，此不當舉以明秦之有失亡也。且此自就三晉言之，若西周則何與焉？據兹三端，或説爲非。**秦之所亡民者幾何？**謂戰死。**民客之兵不得事本者幾何？**在外爲客。之，往也。**臣竊以爲不可數矣。假使王之羣臣有能用之，費此之半，**簡書曰：「有能用之爲一句，費此之半爲一句。」**弱晉彊秦，若三戰之勝者，王必加大賞焉。今臣之所言，民無一日之繇，**繇，役也。**官無數錢之費，其弱晉彊秦有過三戰之勝，而王猶以爲不可，則臣愚不能知已。**若曰：非臣之愚所能知也。**齊人有東郭敞者，猶多願，願有萬金。**史記平準書「東郭咸陽」，索隱：「東郭，姓；咸陽，名也。」案風俗通，「東郭牙，齊大夫，咸陽其後也。」禮鴻案：韓詩外傳四東郭牙，桓公時人，又見吕氏春秋重言篇。此東郭敞蓋亦牙之後也。猶與猷同，語助也。王引之曰：「盤庚曰：『女猷黜乃心，無傲從康。』言汝黜乃心也。（傳訓猷爲謀，失之。）

下同。）又曰：『女萬民乃不生生，暨予一人猷同心。』言不與予一人同心也。猷亦語助耳。」（經傳釋詞一。）是也。其徒請賙焉，玉篇：「賙，給也，贍也。」案：此請之於未有之時，要之於既有之後也。不與，曰：「吾將以求封也。」與，許也。封，殖也。將以此萬金求增殖也。其徒怒而去之宋，曰：「此愛於無也。」故不如以先與之有也。王時潤曰：「崇文本作無於愛，無以先二字。」禮鴻案：指海本同崇文本。今案以先二字涉下文「愛非其有，以失其有」以失二字而誤衍。崇文本、指海本無之，是也。作無於愛則非。「曰此愛於無也」者，東郭敞之徒所言，謂其未致萬金，先已吝之，即後所謂愛非其有也。「故不如與之有也」者，作者斷之之詞，故讀作固，（賞刑篇：「夫固知愚貴賤勇怯賢不肖，皆盡其胸臆之知。」固讀爲故，則此故可讀爲固。）言固不如許其請而得其供役之利也。今晉有民而秦愛其復，此愛非其有以失其有也，晉民來而後可用其力，而得言復；不來則無復可言，故曰愛非其有。晉民來則有其利，今愛復，晉民不來，秦民客之兵而不能農，利不可有，故曰失其有。豈異東郭敞之愛非其有以亡其徒乎？且古有堯、舜，當時而見稱；中世有湯、武，在位而民服。此三王者，王時潤曰：「三當作四，古字積畫，是以致訛。」萬世之所稱也，以爲聖王也，然其道猶不能取用於後。今復之三世而三晉之民可盡也，是非王賢立今時，嚴萬里曰：「案：此句有脫誤。范本立作力，亦非。」禮鴻案：此謂賢名立於今時，非有脫誤。而使後世爲王用乎？然則非聖別說而聽，聖人難也。別說猶邪說，聽字當逗，謂聖人不聽非聖別說也。王吏愛爵重復之說，作此篇者以爲非聖別說者也。（以廣文安其嗣，一九四六年九月，得見孫氏周書斠補於西湖羅苑，其言與余所推論者不異，不復追改。）

刑約第十六

篇亡。

賞刑第十七

聖人之爲國也，壹賞，壹刑，壹教。壹賞則兵無敵，壹刑則令行，壹教則下聽上。夫明賞不費，明刑不戮，明教不變，明，猶盛也，説見徠民篇。教以變易民俗也，惟教成，故不教而民自從上。而民知於民務，國無異俗。明賞之猶，至於無賞也。明刑之猶，至於無刑也。明教之猶，至於無教也。王時潤曰：「三猶字皆當讀爲尤。」

所謂壹賞者，利禄官爵摶出於兵，王時潤曰：「摶當讀爲專。」無有異施也。夫固知愚、貴賤、勇怯、賢不肖皆盡其胸臆之知，竭其股肱之力，出死而爲上用也。王時潤曰：「固讀爲故。」禮鴻案：王讀是。下文曰：「夫故當壯者務於戰」，語例同。天下豪傑賢良從之如流水，是故兵無敵而令行於天下，萬乘之國不敢蘇其兵中原，俞樾曰：「荀子議兵篇：『蘇刃者死』，楊倞注曰：『蘇讀爲傃，傃，向也，謂相向格鬥者。』此蘇字讀與彼同。」禮鴻案：俞引荀子蘇刃，是也。蘇借爲啎，（章炳麟小學答問說。）義爲迎逆。中原猶中野，與下文不敢捍城城字相對。戰則於野，攻則薄城也。其兵其字指伐者，伐者舉兵加人而人不敢逆，此謂不敢蘇其兵。王時潤謂蘇字似當讀爲大蒐之蒐，簡書謂即謂用兵於中原而樵蘇於中原也，不特不得蘇字之義，抑且瞢於主客之辨，并中原之義亦失之矣。**千乘之國不敢捍城。萬乘之國若有蘇其兵中原者，戰將覆其軍；千乘之國若有捍城者，攻將凌其城。戰必覆人之軍，攻必凌人之城，盡城而有之，盡賓而致，**王時潤曰：「賓當爲貨或賨字之訛，致字下疑當增之字。」禮鴻案：王說爲得之，簡書用其弟仲芬之說，謂賓爲賓服，曲說耳。又按：賓或實字之僞。禮記哀公篇：「今之君子好實無厭。」鄭注曰：「實猶貨也。」王引之曰：「說文：『實，貨也。』此言好實無厭，則實爲貨財也。表記：『其君子尊仁畏義，恥費輕實。』鄭彼注曰：『實爲貨財也。』文十八年左傳：『聚斂積實，不知紀極。』楚語：『令尹問蓄聚積實。』韋、杜注並曰：『實，財也。』皆與此實字同義。」（經義述聞。）又致字下范本有之字。**雖厚慶賞，何費匱之有矣？昔湯封於贊茅，**俞樾曰：「隱公十一年左傳：『而與鄭人蘇忿生之田温、原、絺、樊、隰城、欑茅……。』杜注：『欑茅在修武縣北。』此言湯封贊茅，即其地也。漢書地理志：『河南郡偃師尸鄉，殷湯所都。』臣瓚曰：『湯居亳，今濟陰縣是也。』其地與修武不遠。皇甫謐帝皇世紀乃有三亳之說，而謂湯都在南亳穀熟。穀熟故城今在商丘縣，則去修武絕遠，與湯封贊茅之說不可通矣。商子先秦古書，足可依據。湯都偃師，即可以此爲證。」禮鴻案：封當讀爲邦，下封於岐周同。說文郊下曰：「周文王所封」，于鬯曰：「封讀爲邦。上文：『邦，國也。』謂周文王所國也。下文：『鄦，炎帝太嶽之允甫侯所封。』亦謂甫侯所國也。」（說文職墨二。）**文王封於岐周，**史記周本紀：「古公亶父，止於岐下。」集解：「徐廣曰：『岐山在扶風美陽西北，其南有周原。』駰案：皇甫謐曰：『邑於周地，故始改國曰周。』」**方百里。**方上指海本依北堂書鈔增地字。**湯與桀戰於**

鳴條之野，武王與紂戰於牧野之中，史記殷本紀正義：「括地志云：『高涯原在蒲州安邑縣北三十里南坂口，即古鳴條陌也。鳴條戰地，在安邑西。』」又周本紀正義：「括地志云：『衞州城，古老云：周武王伐紂，至於商郊牧野，乃築此城。』酈元注水經云：『自朝歌南至清水，土地平衍，據臯跨澤，悉牧野也。』括地志又云：『紂都朝歌，在衞州東北七十三里朝歌故城是也。本妹邑，殷王武丁始都之。』帝王世紀云：『帝乙復濟河，北徙朝歌，其子紂仍都焉。』」**大破九軍，**九軍未聞。周禮司馬：「王六軍。」春秋襄十四年左傳：「成國不過半天子之軍，周爲六軍，諸侯之大者，三軍可也。」是周天子六軍。竹書紀年：「周穆王三十七年，伐楚，大起九師，東至於九江。」九師或即九軍。則其制又異，未知夏、殷如何。莊子德充符篇：「勇士一人，雄入於九軍。」釋文：「崔李云：『天子六軍，諸侯三軍，通爲九軍。』簡文云：『兵書以攻九天攻九地，故謂之九軍。』」皆臆説不足據。自明曰：「夏啟大戰於甘，召六卿而誓之。誠如鄭義六卿爲將三代同，夏、殷軍制當如周法。然以周法而論，常度爲六軍，用之則隨役之大小，六鄉六遂正副之卒盡發，共有十二軍也。此九軍未必爲確數，殆如古泰誓九有，商頌九圍之例，可以汪中釋三九之説待之。莊子一人與九軍爲多寡之對詞，猶論語言匹夫三軍。戰國時人言軍數每多於古，時爲之也。」**卒裂土封諸侯，**朱師轍曰：「卒裂土封諸侯各本俱作弈列爲諸侯。弈誤字，評校本作奕，是。奕，大也，謂大封列爲諸侯。嚴校係從秦四麟本妄改。」禮鴻案：范本作弈爲列諸侯。朱説亦未能通，存參。**士卒坐陳者里有書社，**春秋桓十二年左傳：「坐其北門。」惠棟補注曰：「案兵法有立陳坐陳，見尉繚子。立陳所以行也，坐陳所以止也。傳曰：『裹糧坐甲。』又曰：『王使甲坐於道。』又云：『使士皆坐列。』司馬法曰：『徒以坐固。』荀子曰：『庶士介而坐道。』及此傳坐其北門，皆坐陳也。」書社者，荀子仲尼篇注曰：「謂以社之户口書於版圖。」説文曰：「周禮二十五家爲社。」段玉裁曰：「風俗通義曰：『周禮説二十五家爲社，但爲田祖報求。』許云周禮者，周禮説也。賈逵杜預注左傳，高誘注呂覽，薛瓚注五行志皆同。晏子春秋：『桓公以書社五百里封管仲。』吕覽：『越以書社三百里（禮鴻案：吕覽無里字，此誤增。）封墨子。』史記：『將以書社七百里封孔子。』皆謂二十五家爲里，里有社，故云書社若干里。」是也。車休息不乘，從馬華山之陽，從牛於農澤，從之老而不收。王時潤曰：「三從字皆當讀爲縱。」禮鴻案：史記周本紀作「從馬於華山之陽，牧牛於桃林之虚」。史記樂書：「牛散桃林之野。」集解：「徐廣曰：『在弘農縣，今曰桃丘。』」書武成疏引杜預云：「桃林之塞，今宏農華陰縣潼關是也。」此云農澤，蓋以弘農而稱歟？閻若璩謂：「桃林塞爲今靈寶縣西至潼關廣圍三百里皆是。華山乃陽華山，非太華山。今商州雒南縣東北有陽華山，與桃林之野正南北相望，壤相接。」詳見尚書古文疏證六下。此湯、武之賞也。故曰：贊茅、岐周之粟，以賞天下之人，不人得一升；范本、孫星衍本、崇文本、指海本升作勝。俞樾曰：「勝讀爲升，古字通用。三輔黄圖曰：『御宿園出粟十五枚一勝，大梨如五勝。』勝皆升之叚字。」禮鴻案：廣雅釋器：「幃謂之幐。」王念孫著疏證後下墨籤曰：「商子賞刑篇云：『贊茅、岐周之粟，以賞天下之人，人不得一幐。』韓子外儲説左篇云：『猶羸幐而履蹻。』秦策：『羸縢履蹻，負書擔囊。』趙策：『羸幐負書擔橐。』」見王國維所刻廣雅疏證補正。是王氏以此文勝字爲幐之誤也。説文：「幐，囊也。」存參。以其錢賞天下之人，不人得一錢。故曰：百里之君而封侯，其臣大其舊，嚴萬里曰：「范本君作居，秦本其臣作功臣。」王時潤曰：「崇文本亦作其臣，陳仁錫本作大倍其舊。」朱師轍曰：「君各本皆作居，不誤。謂所居之國百里而能封諸侯逾於百里，固不必改居爲君始通。」禮鴻案：百里之居謂湯、武，其臣謂所封諸侯。大其舊者，大於贊茅、岐周之爲百里也。大其舊不必倍於百里，加倍字者失之。自士卒坐陳者里有書社，賞之所加寬於牛馬者，何也？善因天下之貨，以賞天下之人。故曰：明賞不費。湯、武既破桀、紂，海内無害，天下大定，築五庫，藏五兵，禮記月令「季秋」注：「五戎謂五兵，弓矢、殳、矛、戈、戟也。」疏：「按：周禮『司兵掌五兵』，鄭司農注：『五兵者，戈、殳、戟、酋矛、夷矛。』後鄭又注云：『步卒之五兵則無夷矛而有弓矢。』如鄭所云，則此注據步卒五兵，弓矢，一也；殳長丈二，二也；矛長二丈，三也；戈長六尺四寸，四也；戟長一丈五尺，五也。」司馬法定爵篇：「弓矢禦，殳矛守，戈戟助。凡五兵，當長以衞短，短以救長。迭戰則久，皆戰則强。」孔廣森大戴禮記千乘篇補注，五兵定從鄭義，今亦從之。**偃武事，行文教，倒載干戈，**嚴萬里曰：「秦本、范本作戟戈。」禮鴻案：孫星衍本亦作戟戈。王時潤曰：「戟當爲戢之誤。戢與干通。」**搢笏作爲樂，以申其德。**朱師轍曰：「禮記内則『搢笏』注：『所以記事也。』晉書輿服志：『古者貴賤皆執笏，有事則搢於帶。』言搢笏之士作爲樂歌以頌其德。」禮鴻案：禮記樂記：「武王克殷，濟河而西，馬散之華山之陽而弗復乘，牛散之桃林之野而弗復服，車甲衅而藏之府庫而弗復用，倒載干戈，包之以虎皮，將帥之士使爲諸侯，名之曰建櫜。然後天下知武王之不復用兵也。散軍而郊射，左射貍首，右射騶虞，而貫革之射息也。裨冕搢笏，（注：「搢猶插也。」）而虎賁之士説劍也。（説與脱同。釋文：「説，吐活切。」）」然則搢笏與作樂皆爲偃武事而興文德，其事則明爲二事，朱説非也。又，作樂者，即大武之樂，有舞容焉，樂記所謂「總干而立，武王之事；發揚蹈厲，太公之志；武亂皆坐，周召之治」是也。朱專以爲樂歌，亦非。又案：自從馬華山之陽以下本武王事，而此亦繫之於湯者，便文也。**當此時也，禄賞不行而民整齊。故曰：明賞之猶，至於無賞也。**

所謂壹刑者，刑無等級，自卿相、將軍以至大夫、庶人，有不從王令、犯國禁、亂上制者，罪死不赦。有功於前，有敗於後，不爲損刑；有善於前，有過於後，不爲虧法。忠臣孝子有過，必以其數斷。守法守職之吏有不行王法者，罪死不赦，刑及三族。史記秦本紀：「文公二十年，法初有三族之罪。」集解：「張晏曰：『父母、兄弟、妻子也。』如淳曰：『父族、母族、妻族也。』」**周官之人**

知而訐之上者，自免於罪，范本、孫星衍本、指海本訐作謂。俞樾曰：「周當爲同，謂當爲謁，皆字之誤。」無貴賤尸襲其官長之官爵田祿。故曰：重刑連其罪，則民不敢試。民不敢試，故無刑也。夫先王之禁，刺殺斷人之足，黥人之面，戰國秦策：「黥劓其傅。」高誘注：「刻其額，以墨實其中，曰黥。」非求傷民也，以禁姦止過也。故禁姦止過莫若重刑。刑重而必得，則民不敢試，故國無刑民。國無刑民，故曰明刑不戮。晉文公將欲明刑以親百姓，於是合諸侯大夫於侍千宮。侯字不當有，侍千亦必有譌。此疑當作合諸大夫士於武宮。下云：「晉國之士稽焉皆懼。」即承此士字言之。蓋侍爲武字形近之譌，士字顛倒，誤爲千字，又錯在侍字下耳。春秋僖二十四年左傳：「朝於武宮。」注：「文公之祖武公廟。」又指海本據通典一百六十九，御覽六百三十六，校改此文爲「合諸卿大夫於冀宮」。案：僖三十三年左傳：「臼季使過冀。」注：「冀，晉邑。」又僖二年傳：「荀息假道於虞，曰：『冀爲不道，入自顛軨，伐鄍三門。冀之既病，則亦唯君故。』」注：「冀，國名，平陽皮氏縣東北有冀。」顧炎武杜解補正曰：「服虔謂：鄍，晉邑也。冀伐晉，虞助晉人伐冀師，故曰：『冀之既病，則亦唯君故。』將假道，故稱前恩以誘之。」其說爲長。馬宗璉補注曰：「水經注引土地名：『河東皮氏縣冀亭，古之冀所都。』是冀爲一國之證。」然則冀本古國，晉滅之以爲邑，而冀宮者，即其地之宮歟？抑史記商君列傳：「築冀闕宮庭於咸陽。」索隱曰：「冀闕，即魏闕也。冀，記也，記列教令當於此門闕。」豈冀宮即冀闕之類，爲教令之所在歟？然左傳國語史記並無冀宮之名，亦恐通典御覽有誤，不盡可據也。顛頡後至，請其罪。君曰：「用事焉。」嚴萬里曰：「文倒，當作焉用事吏。或云：吏字當屬下句。」禮鴻案：嚴前說非也。吏者，軍吏之類，不得稱顛頡爲吏。韓非子外儲說右上篇：「公有所愛者曰顛頡，後期。吏請其罪，文公隕涕而憂。吏曰：『請用事焉。』遂斬顛頡之首以徇百姓。」據韓子文，則此文吏字當在請字上。「君曰用事焉」者，文公許吏行法之詞。韓子謂當時文公不忍行法於顛頡，商君書無此意，此爲小異，然文字正可據正也。愚曩説如此，及讀錢氏校刊指海本，請其罪上依通典御覽補吏字，私喜鄙説之不謬。惟此吏字逕爲脱文，非錯亂在下，不必移焉下吏字耳。**吏遂斷顛頡之脊以殉。**殉當作徇，下同。説文：「彴，行示也。从彳，勻聲。司馬法：『斬以彴。』」玉篇：徇同彴字。案此言顛頡之死與春秋左氏傳不同，傳聞異也。**晉國之士稽焉皆懼，曰：**俞樾曰：「稽猶同也。尚書堯典：『曰若稽古。』正義引鄭注曰：『稽，同也。』」禮記儒行篇：「古人與稽。」鄭注曰：「稽猶合也。」合與同義亦相近。稽焉皆懼，猶云同然皆懼也。**「顛頡之有寵也，斷以殉，**指海本斷下依通典、御覽補脊字。**而況於我乎？」舉兵伐曹五鹿，**春秋左氏僖二十三年、二十八年傳注：「五鹿，衛地。」顧棟高春秋大事表曰：「今直隸大名府五鹿城二，屬元城縣者，即沙鹿城；屬開州者，此衛地五鹿是也。」**及反鄭之埤，東徵之畝，**嚴萬里曰：「案：舉兵以下文多譌誤。五鹿衛地，不應屬之伐曹。圍鄭事在戰城濮後二年，不應越次先叙。葉校本作『舉兵伐衛，取五鹿，伐曹，救宋』，不接勝荆人句。蓋據左傳任意删改，非有原書引證。姑存之。」孫詒讓曰：「嚴可均校作『伐衛，取五鹿，伐曹，南圍鄭之埤。』案：徵當作衛。吕氏春秋簡選篇云：『晉文公反鄭之埤，東衛之畝。』高注云：『使衛耕者皆東畝以遂晉兵。』此文與彼正同。上云伐曹取五鹿，自是所傳之異。先秦諸子與左傳紀事不必同，葉、嚴校並改曹爲衛，失之。」簡書曰：「孫説徵爲衛，是。按諸韓非子外儲説右上第三十四云：『文公見民之可戰，於是遂興兵伐原，克之。伐衛，東其畝，取五鹿。攻陽。勝虢。伐曹。南圍鄭，反之埤。罷宋圍。還與荆人戰城濮，大敗荆人；返爲踐土之盟。』叙事較詳，且可證商書伐曹下接五鹿之誤，與東徵之畝徵爲衛字之誤。夫吕、商、韓三家同引晉事，詳略及先後次序原不必同。然就商君書譌脱之迹而細究之，則確乎伐曹曹字下應脱及衛二字，而及反之及字即於曹下脱去而誤衍於反字上者。至徵字之由衛譌成，更顯然也。又『反鄭之埤』反字下應補闕文。」禮鴻案：左傳國語載文公侵曹伐衛同時，此云「伐曹五鹿」者，曹下當依簡説移補下文及反之及字，謂伐曹及取衛五鹿也，非以五鹿爲曹地。傳記不聞五鹿屬曹，孫謂所傳之異不必與左傳同，蓋非也。東衛之畝亦本與五鹿爲一時事，以文與反鄭之埤爲對，故分在下。既下云衛，故上遂省之。簡謂及字當移曹下是也，謂及下更當有衛字則未是。反鄭之埤與呂覽文同，國語：「文公誅觀狀以伐鄭，反其陴。」注：「反，撥也。」（呂氏春秋注：「反，覆。」）陴，城上女垣。」簡謂反下有缺文，則大謬矣。**勝荆人於城濮，**李貽德春秋左傳賈服注輯述：「城濮，賈曰：『衛地也。』（晉世家注。）案：莊二十七年：『公會齊侯於城濮。』杜解亦曰衛地。顧氏棟高曰：『今曹州府濮州南有臨濮城。』」禮鴻案：左傳侵曹伐衛城濮之戰並在僖公二十八年，國語反鄭之陴次於城濮戰後。**三軍之士，止之如斬足，行之如流水；三軍之士無敢犯禁者。故一假道重輕於顛頡之脊而晉國治。**嚴萬里曰：「案：重輕即本書所謂『行刑重其輕者』之義，秦本作重刑，誤。又，而晉國治秦本作而吾國治，亦誤。」**昔者周公旦殺管叔，流霍叔，曰：「犯禁者也。」**史記管蔡世家：「武王同母弟十人，母曰太姒，文王正妃也。其長子伯邑考，次曰武王發，次曰管叔鮮，次曰周公旦，次曰蔡叔度，次曰霍叔處。武王已克殷紂，平天下，封功臣昆弟，於是封叔鮮於管，封叔度於蔡，二人相紂子武庚祿父治殷遺民；封叔旦於魯而相周，爲周公；封叔處於霍。武王既崩，成王少，周公旦專王室。管叔、蔡叔疑周公爲之不利於成王，乃挾武庚以作亂。周公旦承成王命，伐誅武庚，殺管叔而放蔡叔。」有蔡叔而無霍叔，與此異。惟逸周書作雒篇云：「武王克殷，乃立王子祿父，俾守商祀。建管叔於東，建霍叔於殷，俾監殷臣。武王崩，周公立，相天子，二叔及殷、東、徐、奄及熊、盈以略。二年，作師旅臨衛政殷，殷大震潰。降辟二叔，王子祿父北奔，管叔經而卒，乃囚霍叔於郭淩，俾康叔宇于殷，中旄父宇于東。」則與此同。俗本逸周書霍叔於殷上增蔡叔二字，二叔作三叔，囚霍叔作蔡叔，依王引之訂，說詳經義述聞三。**天下衆皆曰：「親昆弟有過不違，**說文：「周人謂兄曰罤。」昆即罤字之假。違，避也。**而況疏遠乎？」故天下知用刀鋸於周庭，而海內治。**嚴萬里曰：「舊本作『而況疏遠天下内不用』云云，脱誤不成文。此依秦本。」王時潤曰：「崇文本亦同秦本，陳仁錫本作『蓋公旦用刀鋸於周庭而海内治。』」禮鴻案：指海本依通典校補作「故外不用甲兵於天下，内不用刀鋸於周庭，而海内治」，與「明刑之猶，至於無刑」義正相貫，當從之。畫策篇：「内行刀鋸，外用甲兵。」亦其反證。秦、崇文、陳本皆肊改耳。此謂既殺管叔，流霍叔，遂致刑措也。**故曰：明刑之猶，至於無刑也。**

所謂壹教者，博聞、辯慧、信廉、禮樂、修行、羣黨、任譽、清濁不可以富貴，清濁當作請謁，字之誤也。錯法篇：「先便辟請謁而後功力，則爵行而兵弱矣。」是其證。**不可以評刑，**評疑辟字形近之誤，辟讀爲避。**不可獨立私議以陳其上，**陳當讀爲陵。禮記檀弓篇：「工尹商與陳棄疾追吴師。」注：「陳或爲陵，楚聲也。」是陳陵以聲近通借。獨立私議以陵其上，猶李斯云「夸主以爲名，異取以爲高，率羣下以造謗」矣。（見史記秦始皇本紀。）**堅者被，**指海本校曰：「被疑當作破。」是也。**鋭者挫，雖曰聖知、巧佞、厚樸，**曰猶有也。云曰通訓，廣雅釋詁：「云，有也」，則曰亦有也，曰、云，有一聲之轉耳。樸字義見墾令篇俞氏説。此云厚樸，謂有權勢者爲之奥援也。**則不能以非功罔上利然。**罔者，網取也。然字當屬上爲句，然猶焉也。王引之曰：「禮記檀弓曰：『穆公召縣子而問然。』鄭注：『然之言焉也。』然焉古同聲，故祭義『國人稱願然』，大戴禮記曾子大孝篇然作焉。」（經傳釋詞七。）**富貴之門，要存戰而已矣。**嚴萬里曰：「富貴秦本、范本作貴富，下同。存亦作在，存在形近，誼亦通。」**彼能戰者踐富貴之門，彊梗焉，有常刑而不赦。**嚴萬里曰：「舊本作有常道而不禁，誤。彊梗不禁，是縱戰士之殘暴而召亂矣。今依秦本改正。繹其文誼，謂人敢有相犯者罪不赦也。」禮鴻案：指海本同秦本，嚴改是也。彊梗者，梗上之教令，獨立私議堅鋭是矣。此與能戰者踐富貴之門義相反不相承，不得屬之戰士。嚴解含混不晰。**是父兄、昆弟、知識、婚姻、合同者皆曰：「務之所加，存戰而已矣。」**嚴萬里曰：「存秦本作本有。」王時潤曰：「案：崇文本亦作存。」禮鴻案：作有誤。存戰而已矣即在戰而已矣，承上文富貴之門要存戰而已矣言。說文：「婣，籀文姻。婚，婦家也。禮，娶婦以昏時；婦人陰也，故曰婚。姻，壻家也；女之所因，故曰姻。」爾雅釋親：「壻之父爲姻，婦之父爲婚。婦之父母、壻之父母相謂爲婚姻。婦之黨爲婚兄弟，壻之黨爲姻兄弟。」合同者，謂相親比之人也。**夫故當壯者務於戰，**王時潤曰：「當，丁也。」禮鴻案：王說是。淮南子齊俗篇：「丈夫丁壯而不耕，天下有受其饑（當作飢）者；婦人當年而不織，天下有受其寒者。」廣雅釋詁「丁，强也。」急就篇：「長樂無極老復丁。」**老弱者務於守；死者不悔，生者務勸。**務，勉也。**此臣之所謂壹教也。民之欲富貴也共闔棺而後止。**王時潤曰：「共，皆也。」**而富貴之門必出於兵，是故民聞戰而相賀也，起居飲食所歌謠者戰也。此臣之所謂「明教之猶，至於無教」也。此臣所謂參教也。**參讀爲三，三教即指壹賞、壹刑、壹教而言。此句正總結上文，與本篇首句相應。

聖人非能通知萬物之要也。故其治國，舉要以致萬物，陶鴻慶曰：「萬物句絕。之要上當更有知萬物三字，本云：『聖人非能通知萬物，知萬物之要也。』農戰篇云：『故聖人明君者，非能盡其萬物也，（其亦當作知。）知萬物之要也。故其治國也，察要而已矣。』是其證。」**故寡教而多功。聖人治國也，易知而難行也。是故聖人不必加，**嚴萬里曰：「加范本作王，誤。」**凡主不必廢，**易知者，用刑賞。難行者，在用而得其道。錯法篇：「削國亡主非無爵祿，其所道過也；三王五霸其所道不過爵祿，而功相萬者，其所道明也。」彼但言爵祿，此兼言刑賞，意則通也。**殺人不爲暴，賞人不爲仁者，國法明也。聖人以功授官予爵，故賢者不憂，聖人不宥過，不赦刑，故姦無起。聖人治國也，審壹而已矣。**

畫策第十八

昔者昊英之世，以伐木殺獸，人民少而木獸多。黃帝之世，不麛不卵，官無供備之，民死不得用槨。事不同，皆王者，時異也。

昊英者，司馬貞補史記三皇本紀曰：「自人皇以後，有五龍氏、燧人氏、大庭氏、栢皇氏、中央氏、卷須氏、栗陸氏、驪連氏、赫胥氏、尊盧氏、渾沌氏、昊英氏、有巢氏、朱襄氏、葛天氏、陰康氏、無懷氏。斯蓋自三皇以來有天下者之號，但載籍不記，莫知姓王年代所都之處。」是也。漢書人表第二等，自大廷氏至亡懷氏，凡十四人，次序與司馬貞所説同，無卷須氏。商君書此文有缺誤，羅泌路史前紀卷九引此作「昔者昊英之世，以伐木與殺獸，人民少而木獸衆。人帝之世，不麛不卵，官無供備之勞，而死不得用享。事不同而階王，以時異也。伐木者，衣新之世也」云云。路史享當作椁，階當作偕。而「人帝」及「供備之勞」與「伐木者，衣新之世也」云云，皆商君書原本，當取以校補今本者也。此蓋以養生送死之事明時異事殊。昊英之世，食則禽獸不可勝食，死則衣之以薪。人帝之時，禽獸之足食猶是，但不殺麛，（説文：「麛，鹿子也。」此以爲凡幼獸之稱。）不取卵，稍示之節，其官仍無供備之勞也，而死則有棺矣。是由質而漸文也，但仍無椁耳。云「伐木者，衣新之世也」者，明昊英之世無棺，比人帝爲質也。新即古薪字，易繫辭傳所謂「古之葬者，厚衣之以薪」是也。此句之下尚有脱文，無可據補耳。此文歷言昊英、人帝、神農、黃帝，時異而事不同，明人帝不得作黃帝矣。路史以人帝爲伏戲，後紀卷一稱曰「人帝皇雄氏」，未詳所據。風俗通義皇霸篇引尚書大傳説：「遂人以火紀；火，陽也，陽尊，故託遂皇於天。伏羲以人事紀，故託戲皇於人。」據更法篇言「伏羲、神農教而不誅，黃帝、堯、舜誅而不怒」推之，伏戲是也。

神農之世，男耕而食，婦織而衣，刑政不用而治，甲兵不起而王。神農既没，以彊勝弱，以衆暴寡。故黄帝作爲君臣上下之義，嚴萬里曰：「義秦本作儀。案：威儀字古作義。説文：『義，己之威儀也。从我，从羊。』周禮肆師職鄭注、漢書鄒陽傳颜注並云義讀爲儀。今依元本范本，蓋猶古書之未經改竄者也。又仁義字當作誼。説文：『誼，人所宜也。』徐云：「史記仁義字作此。」（禮鴻案：此徐鍇説。）漢書董仲舒傳：『摩民以誼。』古文尚書『遵王之義』本作誼，唐明皇詔改義。據此類推，則古書之傳於今者半失其舊矣。」禮鴻案：義猶等也，説見君臣篇。父子兄弟之禮，夫婦妃匹之合，内行刀鋸，外用甲兵，故時變也。漢書刑法志曰：「聖人因天討而作五刑，大刑用甲兵，其次用斧鉞；中刑用刀鋸，其次用鑽鑿；薄刑用鞭扑。」故疑當作救，或作放，字之誤耳。放，猶因也。由此觀之，神農非高於黄帝也，疑當作黄帝非高於神農也。然其名尊者，以適於時也。故以戰去戰，雖戰可也；以殺去殺，雖殺可也；以刑去刑，雖重刑可也。

昔之能制天下者，必先制其民者也；能勝彊敵者，必先勝其民者也。説民篇曰：「民勝其政，國弱；政勝其民，兵彊。」故勝民之本在制民，若冶於金，陶於土也。本不堅，則如飛鳥禽獸，其孰能制之？嚴萬里曰：「案：禽字誤。」簡書曰：「禽字不誤。禮記云：『鸚鵡能言，不離飛鳥；猩猩能言，不離禽獸。』飛鳥與禽獸對言，古書蓋屢見也。」民本，法也。故善治民者，塞民以法而名地作矣。壹言篇曰：「上開公利而塞私門，以致民力。」公利者，以農戰得爵禄，所謂利從一空出是也。凡其他可以得利禄之途皆以法塞之，此謂塞民以法。名尊地廣，以至王者，何故？俞樾曰：「何故下脱戰勝者也四字。」名卑地削，以至於亡者，何故？戰罷者也。罷通作敗。吕氏春秋孝行覽：「士民孝，則耕芸疾，戰守固，不罷北。」御覽七十七引罷作敗。不勝而王，不敗而亡者，自古及今未嘗有也。民勇者戰勝，民不勇者戰敗。能壹民於戰者，民勇；不能壹民於戰者，民不勇。聖王見王之致於兵也，故舉國而責之於兵。入其國，觀其治，兵用者彊。俞樾曰：「兵當作民。下云：『奚以知民之用者也？民之見戰也如餓狼之見肉，則民用矣。』正承此文而言，故知當作民用。」禮鴻案：兵用不必誤。去彊篇：「戰事兵用曰彊。」與此同。夫兵者，民之所爲，用民用兵，無有異也。下雖曰民之見用，此固不妨作兵用矣。奚以知民之見用者也？民之見戰也，如餓狼之見肉，則民用矣。凡戰者，民之所惡也；能使民樂戰者王。彊國之民，父遺其子，兄遺其弟，妻遺其夫，詩豳風鴟鴞序曰：『成王未知周公之志，公乃爲詩以遺王。』疏曰：「遺者，流傳致達之稱。」皆曰：「不得，無返。」不得無返猶言不勝無歸，所以勉其戰死者。又曰：「失法離令，若死我死。」若，汝也。謂汝固當死，我亦坐汝而死也。鄉治之行間無所逃，治猶州治、郡治之治。漢書陳餘傳：「治信都。」師古曰：「治，爲治處也。」然則置吏以治鄉，因謂所治曰鄉治。行間者，一鄉之內之區分也。無所逃，不得逃離其本鄉。遷徙無所入。不得逃入他鄉。入行間之治，指海本不疊入字，是也。當從指海本删此入字。連以五，指海本校曰：「連下疑脱之字，五即伍。」是也。辨之以章，束之以令；拙無所處，罷無所生。令民爲什伍，相牧司連坐，（史記本傳。牧字今誤爲收，辨見王念孫讀書雜志。）逃者坐其伍，故無所逃。章，標幟符驗也。著其鄉籍，非其鄉者必察之，故無所入也。既連之以五，辨之以章，而又束之以令，蓋謂連坐之律、告姦之賞、不告姦之刑也。鄉有徼巡，禁賊盜，則亦糾察亡人也。說見墾令篇。罷讀與疲同。楚辭大招：「誅譏罷些。」王逸曰：「罷，駑也。非惡罷駑，誅而去之。」又荀子王制篇曰：「賢能，不待次而舉；罷不肖，不待須而廢。」是以三軍之士從令如流，死而不旋踵。

國之亂也，非其法亂也，非法不用也。上非字衍。國皆有法，而無使法必行之法；國皆有禁姦邪刑盜賊之法，而無使姦邪盜賊必得之法。爲姦邪盜賊者死刑，而姦邪盜賊不止者，不必得。韓非子內儲說上七術篇曰：「荆南之地麗水之中生金，人多竊采金。采金之禁，得而輒辜磔於市，甚衆，壅離其水也；而人竊金不止。夫罪莫重於辜磔於市，猶不止者，不必得也。」必得而尚有姦邪盜賊者，刑輕也。姦邪盜賊不必得，得而刑輕，皆法之亂也。刑輕者，不得誅也；必得者，刑者衆也。此蓋當通爲一句，言雖必得而輕刑，則犯者多而刑不勝其繁也。又或行連坐之法，一人爲姦而不告則餘人被刑，故云刑者衆，若然者姦必得。似前說爲近。范本作「刑輕者，兼誅也；必得者，木者衆也」，木字王志遠諸子合雅本作本，並不可解，疑亦有誤。故善治者刑不善而不賞善，故不刑而民善。不刑而民善，刑重也。刑重者，民不敢犯，故無刑也。而民莫敢爲非，是一國皆善也；故不賞善而民善。賞善之不可也，猶賞不盜。以其不能去姦勸功也。韓非子外儲說右下篇曰：「秦大饑，應侯請曰：『五苑之草著蔬菜、橡果、棗栗足以活民，請發之。』昭襄王曰：『吾秦法使民有功而受賞，有罪而受誅。今發五苑之蔬草者，使民有功與無功俱賞也。夫使民有功與無功俱賞者，此亂之道也。夫發五苑而亂，不如棄棗蔬而治。』」昭襄王之爲此言，蓋亦商君遺教致然矣。故善治者，使跖可信，而況伯夷乎？不能治者，使伯夷可疑，而況跖乎？勢不能爲姦，雖跖可信也；勢得爲姦，雖伯夷可疑也。韓非子守道篇曰：「能禁賁育之所不敢犯，守盜跖之所不能取，則暴者守願，邪者反正。」六反篇曰：「大姦必知，則備；必誅，則止。不知，則肆；不誅，則行。夫陳輕貨於幽隱，雖曾、史可疑也，懸百金於市，雖大盜不取也。不知則曾、史可疑於幽隱，必知則大盜不取懸金於市。故明主之事國也，衆其守而重其罪，使民以法禁，而不以廉止。」五蠹篇曰：「十仞之城，樓季弗能踰者，峭也；千仞之山，跛牂易牧者，夷也。故明王峭其法而嚴其刑也。布帛尋常，庸人不釋；鑠金百溢，盜跖不掇。不必害則不釋尋常，必害手則不掇百溢。故明主必其誅也。」

國或重治，或重亂。明主在上，所舉必賢，則法可在賢。蓋謂賢者得操法術以正國也。韓非子人主篇曰：「主有術士，則大臣不敢制斷，近習不敢賣重。」法可在賢，則法在下，不肖不敢爲非。法在下者，說民篇所謂「治國者貴下斷，王者刑賞斷於民心」，是也。是謂重治。不明主在上，所舉必不肖，國無明法，不肖者敢爲非。是謂重亂。兵或重彊，或重弱。民固欲戰，又不得不戰，是謂重彊。民固不欲戰，又得無戰，是謂重弱。

明主不濫富貴其臣。所謂富者，非粟米珠玉也；所謂貴者，非爵位官職也；廢法作私爵祿之富貴。此疑當作「廢法作私之爵祿富貴也」，之誤在下，脱也字。蓋此蒙濫富貴而釋之，蓋以粟米珠玉爵位官職予人，不必爲濫，唯出於廢法作私之爵祿富貴乃爲濫耳。凡人主德行非出人也，施氏先秦諸子本出作上。知非出人也，勇力非過人也；然民雖有聖知，弗敢我謀；勇力，弗敢我殺；御覽六百三十八勇上有有字。雖衆，不敢勝其主；雖民至億萬之數，縣重賞而民不敢爭，行罰而民不敢怨者，法也。御覽六百三十八引行下有重字。國亂者，民多私義；兵弱者，民多私勇。則削國之所以取爵祿者多塗；嚴萬里曰：「秦本塗下有人字。」指海本校曰：「繹史亦無人字。」禮鴻案：則字疑削字之誤而衍者。亡國之欲，欲當作俗。賤爵輕祿，不作而食，不戰而榮，無爵而尊，無祿而富，無官而長。此之謂姦民。所謂治主，無忠臣；慈父，無孝子；欲無善言，皆以法相司也，伺，古只作司。命相正也，不能獨爲非，而莫與人爲非。韓非子外儲說右下篇曰：「秦襄王病，百姓爲之禱。病愈，殺牛塞禱。王因使人問之，何里爲之？訾其里正與伍老屯二甲（案：訾讀爲貲。說文曰：「貲，小罰，以財自贖也。」）曰：『彼民之所以爲我用者，非以吾愛之爲我用者也，以吾勢之爲我用者也。吾釋勢與民相收，若是，吾適不愛而民因不爲我用也。故遂絕愛道也。』」此治主所以不用忠臣。下文曰：「恃天下者，天下去之；自恃者，得天下。」夫用法則自恃之道已。所謂富者，入多而出寡。衣服有制，飲食有節，則出寡矣；有制有節，法也。女事盡於內，男事盡於外，則入多矣。所謂明者，無所不見；則羣臣不敢爲姦，百姓不敢爲非。是以人主處匡牀之上，聽絲竹之聲，而天下治。朱師轍曰：「淮南主術：『匡牀蒻席。』高注：『匡，安也。』」禮鴻案：莊子齊物論：「與王同筐牀」，釋文：「筐本或作匡，方也。」所謂明者，使衆不得不爲；所謂彊者，天下勝。天下勝，是故合力。天下勝，天下爲所勝。合力者，兼天下之力以爲我用。是以勇彊不敢爲暴，聖知不敢爲詐而虛用，簡書曰：「而虛用三字疑譌。」兼天下之衆，莫敢不爲其所好而避其所惡。所謂彊者，使勇力不得不爲己用。其志足天下，益之；不足天下，說之。此當以足天下及不足天下爲讀。足，滿足也。人君以天下能滿足我之意志則益之，不能則說之。說與說民篇之說字同，乃敓之借字。益之說之，謂賞刑也。惟益也故天下爲其所好，惟說也故天下莫敢不避其所惡。恃天下者，天下去之；自恃者，得天下。得天下者，先自得者也；能勝彊敵者，先自勝者也。前云：「能制天下者，必先制其民者也；能勝彊敵者，必先勝其民者也。」聖人知必然之理，必爲之時勢，此五字有誤衍。故爲必治之政，戰必勇之民，行必聽之令。是以兵出而無敵，令行而天下服從。嚴萬里曰：「范本無服從字，有朝字，朝下闕一字。」黄鵠之飛，一舉千里，嚴曰：「秦本、范本一舉作日行。」朱師轍曰：「鵠，説文：『鴻，鵠也。』先大父駿聲曰：『形似鶴，色蒼黄，亦有白者。其翔極高，一名天鵝。』」有必飛之備也。麗麗巨巨，嚴萬里曰：「秦本麗麗句作騏驎騄駬，范本巨作臣。」禮鴻案：麗麗巨巨乃蛩蛩巨丘之誤。逸周書王會篇：「獨鹿邛邛距虚，善走也。」又：「孤竹距虚。」孔晁注：「邛邛，獸，似距虚，負蟨而走也。距虚，野獸驢騾之屬。」史記司馬相如傳：「蟨邛邛，蹵距虚。」漢書、文選俱作「蹵蛩蛩，蟨距虚。」張揖注漢書云：「蛩蛩，青獸，狀似馬；距虚，似贏而小。」説苑復恩篇：「北方有獸，其名曰蟨。前足鼠，後足兔。食得甘草，必齧以遺蛩蛩巨虚。蛩蛩巨虚見人將來，必負蟨以走。蟨非性之愛蛩蛩巨虚也，爲其假足之故也。二獸者，亦非性之愛蟨也，爲其得甘草而遺之故也。」山海經海外北經：「北海内有素獸焉，狀如馬，名曰蛩蛩。」郭璞注：「即蛩蛩鉅虚也，一走百里，見穆天子傳。」蛩蛩與邛邛，距虚與巨虚、鉅虚並同聲通用字。近人劉文典三餘札記，據逸周書説苑司馬相如賦及張揖注諸文，以爲漢、魏諸儒皆以蛩蛩距虚爲二獸，晉、唐人始謂蛩蛩即距虚，實爲無據。其説甚確，今不詳録焉。范本既以形近而誤，秦本乃肆肊改耳。日走千里，嚴萬里曰：「秦本、范本日上有每一字。」禮鴻案：於文不當有。有必走之勢也。虎豹熊羆鷙而無敵，有必勝之理也。聖人見本然之政，知必然之理，故其制民也如以高下制水，如以燥溼制火。故曰：仁者能仁於人，而不能使人仁；義者能愛於人，而不能使人愛；嚴萬里曰：「秦本、范本作相愛。」是以知仁義之不足以治天下也。聖人有必信之性，猶言聖人能信於人。又有使天下不得不信之法。所謂義者，爲人臣忠，爲人子孝，少長有禮，男女有别，非其義也。餓不苟食，死不苟生，此乃有法之常也。陶鴻慶曰：「此乃有法之常也句有脱文，當云：『此乃性之有，非法之常也。』承上文聖人有必信之性，又有使天下不得不信之法而言。錯法篇云：『聖人之存體性不可以易人，然而功可得者，法之謂也。』即此義。故下文云：『聖王者不貴義而貴法。』」禮鴻案：陶説是也。性之有謂性之所或有。聖王者不貴義而貴法，法必明，令必行，則已矣。

商君書錐指卷五

境内第十九

四境之内，丈夫女子皆有名於上，者著，死者削。俞樾曰：「此奪生字。當作生者著，死者削，說見去强篇。」王時潤曰：「崇文本有生字，當據補。」**其有爵者乞無爵者以爲庶子，級乞一人。**周禮有庶子官。庶子，司馬之屬，掌國子之倅爲政於公屬者。（禮記文王世子注。）商君爲魏中庶子，（本傳。）秦有中庶子蒙嘉，（史記刺客列傳。）漢列侯家臣有庶子，（漢書百官公卿表。）蓋皆與此異。貴賤不嫌同辭，此其微者耳。**其無役事也，其庶子役其大夫，月六日。**嚴萬里曰：「元本、范本月字作缺文。」禮鴻案：役事，謂軍事也。故下曰「其役事也，隨而養之軍。」蓋庶子平時得稍逸，有役則不得休矣。**其役事也，隨而養之軍。**養如廝養之養，謂使之隨軍給役也。

爵自一級已下至小夫命曰校徒、操、出公。爵自二級已上至不更命曰卒。俞樾、王時潤並斷軍爵公爵爲句。俞曰：「出字當作士，古書士出字多互誤。」禮鴻案：漢書百官公卿表，爵一級曰公士，二上造，至二十徹侯，皆秦制。總稱曰爵，未有軍爵、公爵之分。且一級以下明包公士在内，二級已上明包上造在内，豈有割二十級之一別稱軍爵者？今謂軍字公字皆當屬上，出公者即公士之譌倒。**其戰也，五人來薄爲伍，**孫詒讓曰：「來疑當爲束。尉繚子有束伍令。薄古簿字。五人束簿爲伍，言爲束伍之籍也。禮鴻案：改束是也，束簿則不辭矣。薄義當與束平列。楚辭九章涉江注曰：「草木交錯曰薄。」然則束薄謂約束牽制耳。**一人羽而輕其四人，能人得一首則復。**孫詒讓曰：「羽當爲死，輕當作剄。言同伍之中一人死事，四人不能救，則受刑也。」**夫勞爵，其縣過三日有不致士大夫勞爵能。**孫詒讓曰：「能當爲罷，言罷免其縣令也。此十七字與上下文不相屬，疑當在後文『將軍以不疑致士大夫勞爵』下，而錯箸於此。夫勞爵三字即蒙彼而衍。」禮鴻案：孫說此文應在後，是也。但其縣二字亦蒙後文衍，不止衍三字耳。孫言縣令云云，誤。**五人一屯長，百人一將。其戰，百將屯長不得，斬首得三十三首以上盈論，**下文「知疾鬬不得」，朱師轍改得爲退，是也。此不得亦當爲不退。禮記王制篇：「司馬辨論官材，論進士之賢者以告於王。論定，然後官之。任官，然後爵之。」盈論之論略與論官同。盈論在漢時則曰中率。漢書李廣傳：「諸將多中首虜率爲侯者。」曰：「從大將軍擊右賢王，有功中率，封爲樂安侯。」**百將屯長賜爵一級。五百主，短兵五十人；**史記匈奴傳：「長兵則弓矢，短兵則刀鋋。」司馬法言五兵，引在賞刑篇。又曰：「兵不雜則不利。長兵以衛，短兵以守。太長則犯，太短則不及。太輕則鋭，鋭則易亂；太重則鈍，鈍則不濟。」故初列，弓戟間焉；次列，殳矛間焉。」（天子之義篇。）是短兵爲制勝之主也。**二五百主，將之主，短兵百；**朱師轍曰：「五百主，五百人之長，有持短兵之士五十人。二百五主，千人之長，將之主要者，有持短兵之士百人。短兵，兵之持刀劍者也。各本皆作二五霸主。」禮鴻案：嚴萬里校本霸作百。**千石之令，短兵百人；八百之令，短兵八十人；七百之令，短兵七十人；六百之令，短兵六十人；**朱師轍曰：「漢書百官公卿表：『縣令長皆秦官，掌治萬户以上爲令，秩千石至六百石。』」**國封尉，短兵千人；**俞樾曰：「封字衍文。蓋即尉字之誤而衍者。下文兩言國尉分地，可證。」友人吴江唐長孺曰：「疑國尉秦時本作邦尉，猶相國本是相邦，此封字乃邦之訛。漢時盡改作國，此一處偶存故號，後人旁注國字以合上下文，最後則并作正文入之。」禮鴻案：新序雜事篇記晉君問奚祁「孰可以爲國尉」，史記廉頗藺相如列傳「趙以許歷爲國尉」，是國尉不獨秦有之也。史記秦始皇本紀：「十年，以尉繚爲秦國尉。」正義曰：「若漢太尉大將軍之比也。」朱師轍曰：「鄭樵通志：『秦官有郡尉，掌佐守，典武職甲卒。』」**將，短兵四千人。戰及死吏，而□短兵，能一首則優。**王時潤曰：「崇文本作輕短兵。」孫詒讓曰：「吏當爲事。説文史部，事古文作叓，與吏相似。輕亦當爲剄，言主將死則短兵受刑。又能下當挩人得二字。優當爲復，形之誤。上文『能人得一首則復』可證。」禮鴻案：及，至也。**能攻城圍邑斬首八千已上則盈論，野戰斬首二千則盈諭。**王時潤曰：「崇文本諭作論，是。」**吏自操及校以上，**孫星衍本、崇文本、指海本校並譌作杖。**大將盡賞行間之吏也。**嚴萬里曰：「元本、范本無也字，作缺文。」禮鴻案：下文云：「將軍以不疑致士大夫勞爵。」蓋即大將盡賞行間之吏之事。孫詒讓讀「吏自操及校，以上大將盡賞」爲句，則下「行間之吏也」五字無著。朱師轍讀「吏自操及校以上大將」爲句，謂：「軍吏自操以上至大將凡在行陳者，皆賞之。」大將似不宜與於「行間之吏」之數，今未從。

故爵公士也，就爲上造也。故，舊也。**故爵上造，就爲簪褭。就爲不更。**左氏成十三年傳：「五月丁亥，晉師以諸侯之師及秦師戰于麻隧，秦師敗績，獲秦成差及不更女父。」據此，秦不更之爵春秋時已有，商君定爵多因舊制，明矣。**故爵爲大夫。**俞樾曰：「就爲簪褭下當補故爵簪褭四字，故爵爲大夫當作故爵不更就爲大夫。」**爵吏而爲縣尉，則賜虜六加五千六百。**下文云：「故爵五大夫，皆有賜邑三百家。」此五千六百四字疑即彼文五大夫皆之誤而衍者。徠民篇：「故不如以先與之有也」，以先二字即下文以失之誤衍，其比正同。餘未詳。孫詒讓曰：「上云：『吏自操及校以上』，則此文亦謂公士以下至小夫、操、校之屬也，在軍爵爲至卑。縣尉職崇，不宜更賜卑爵，故改賜囚虜六，益祿五千六也。」存參。**爵大夫而爲國治，**王時潤曰：「治當作尉。」**就爲大夫。故爵大夫，**下文「則税邑三百家」疑當在國治（治依王説當作尉。）下。「爵大夫而爲國尉，則税邑三百家」與「爵吏而爲縣尉，則賜虜六加五千六百」文例相同，並爵上無故字而中以則字聯結，與他文不同也。「就爲大夫，故爵大夫」依漢書百官公卿表當作「故爵大夫，就爲官大夫。故爵官大夫」十四字。（朱師轍説同。）餘以俞樾、孫詒讓所校補及長孺之説爲正，今具録所定於此：故爵公士也，就爲上造也。故爵上造，就爲簪裹。故爵簪裹，就爲不更。故爵不更，就爲大夫。爵吏而爲縣尉，則賜虜六加五千六百。爵大夫而爲國尉，則税邑三百家。故爵大夫，就爲官大夫。故爵官大夫，就爲公大夫。故爵公大夫，就爲公乘。故爵公乘，就爲五大夫。故爵五大夫，就爲大庶長。故大庶長，就爲左更。故三更也，就爲大良造。皆有賜邑三百家，賜税三百家。爵五大夫，有税邑六百家者就客卿。大將御參皆賜爵三級，故客卿相論盈就正卿。**就爲公大夫。就爲公乘。就爲五大夫。**俞樾曰：「『就爲公大夫』下當補故爵公大夫五字，就爲公乘下當補故爵公乘四字。」朱師轍曰：「韓非内儲上：『是以龐敬還公大夫。』左昭三傳：『公乘無人。』墨子號令：『守城吏比五官者，皆賜爵公乘。』又云：『吏比於丞者，賜爵五大夫。』」禮鴻案：呂氏春秋無義篇：「續經以仕趙五大夫。」又長見篇：「楚文王曰：莧譆（説苑君道篇作筦饒，新序一作筦蘇。）數犯我以義，違我以禮，於是爵之五大夫。」許維遹曰：「五大夫見墨子號令篇、趙策、魏策、楚策，蓋戰國通制，非秦所創立也。」**則税邑三百家。故爵五大夫，皆有賜邑三百家，有賜税三百家。爵五大夫，有税邑六百家者受客。**孫詒讓曰：「此句有脱誤。受疑當爲就，音近而誤。客下疑當有卿字。下文云：『故客卿相論盈就正卿。』就客卿猶言就正卿也。」**大將御**

參皆賜爵三級。參通作驂。此謂大將之御與驂乘也。史記文帝紀：「乃命宋昌參乘。」漢書作「驂乘」，師古曰：「乘車之法，尊者居左，御者居中，又有一人處車之右，以備傾側。是以戎事則稱車右，其餘則稱驂乘。（案：車右驂乘，隨所命之耳。未必有戎事與否之別也。）驂者，三也；蓋取三人爲名義耳。」**故客卿相論盈就正卿。就爲大庶長。故大庶長就爲左更。故四更也就爲大良造。**俞樾曰：「此（就爲大庶長以下。）當在上文『故爵五大夫』之下。大庶長之大，並衍文也。漢書百官公卿表：『爵，一級曰公士，二上造，三簪裹，四不更，五大夫，六官大夫，七公大夫，八公乘，九五大夫，十左庶長，十一右庶長，十二左更，十三中更，十四右更，十五少上造，十六大上造，十七駟車庶長，十八大庶長，十九關内侯。』是大庶長之職尊於左更，乃云故大庶長就爲左更，不可通矣。故知大字衍文也。此庶長兼左右庶長而言，謂故爵五大夫者就爲左右庶長也。左右庶長之上即是左更，故曰故庶長就爲左更。於文正合。其云故四更也就爲大良造，此四字乃三字之誤。古書三字每誤作四，儀禮覲禮篇：『四享。』鄭注曰：『四當爲三，古書作三四或皆積畫，字相似，由此誤也。』三更者，並左更、中更、右更而數之也。由左更、右更、中更而上之，即爲少上造、大上造，故曰：故三更也就爲大良造。大良造即爲大上造也。不言少良造者，或文不備，或大少良造亦猶左右庶長，分之則爲二，合之則爲一耳。此書所言，與表皆合，足徵秦制之所自來。而傳寫譌奪，且多竄益，遂不可讀。」朱師轍曰：「庶長，春秋時已有此官。左襄十一年傳：『秦庶長鮑、庶長武帥師伐晉。』杜注：『庶長，秦爵。』」長孺曰：「俞氏篤守劉劭之説，以漢制説秦制。鄙意兩者實不盡相合。秦制大良造之上無駟車庶長大庶長。商君以大良造封列侯，白起以大良造封武安君，則大良造之上但有封君。本篇『故大庶長就爲左更』，俞氏欲删大字以牽就漢制，其實不必删，左右庶長合稱爲大庶長耳。必守漢制，則不獨尊於左更，抑更尊於大良造；而遍檢諸傳，不聞有人曾受大庶長之爵。則知秦之左右庶長本即大庶長矣。」禮鴻案：俞氏本據百官公卿表文，非據劉劭爵制。然以漢表校諸傳，此二十級者實與史實抵牾信非秦制之朔，長孺説自是也。三更者，既言左更，中更右更可知也。史記秦本紀有左更錯，中更胡傷，又白起亦嘗爲左更。諸爵之名，其解備見後漢書百官志引劉劭爵制、漢書百官公卿表顔師古注，今不録云。

以戰，故暴首三，乃校三日，將軍以不疑致士大夫勞爵。以已字通。「暴首三」之三字疑衍。謂已戰之後使軍士暴效所斬之首，而上以三日限校覈之。士大夫者，公士大夫官大夫公大夫五大夫之類。致，使來致也。既來致而校之不疑，然後爵之也。此下當移上文「過三日有不致，士大夫勞爵罷」十二字使相接續，謂過三日不致其首，則無爵矣。**其縣四尉，訾由丞尉。**縣四尉蓋即前所言縣尉。墨子備城篇：「城上四隅童異，（孫詒讓曰：「童異疑當爲重廙。說文广部云：『廙，行屋也。』又疑當爲重婁，婁與樓通。」）四尉舍焉。」朱師轍曰：「漢書百官公卿表：衞尉中尉郡尉皆秦官，皆有丞尉。」禮鴻案：訾，量也。此蓋謂縣尉由校量丞尉之勞而擢任也。應劭注漢書曰：「自上安下曰尉，武官悉以爲稱。」（百官公卿表。）孫詒讓曰：「言量首級之多少，丞尉職之。」案：孫説無解於上「其縣四尉」句，存參。**能得爵首一者，**王時潤曰：「爵當依崇文本作甲。」**賞爵一級，益田一頃，益宅九畝，一除庶子一人，乃得人兵官之吏。**王時潤曰：「一除當作級除，得人當作得入。」禮鴻案：一除疑當作級役。上文曰：「其有爵者乞無爵者以爲庶子，級乞一人。其無事也，其庶子役其大夫。」是也。荀子議兵篇：「秦人五甲首而隸五家。」注：「獲得五甲首，則役隸鄉里之五家也。」即其事矣。韓非子定法篇：「商君之法曰：斬一首者爵一級，欲爲官者爲百石之官。官爵之遷與斬首之功相稱也。今有法曰：斬首者令爲醫匠，則屋不成而病不已。夫匠者，手巧也；而醫者，齊藥也；而以斬首之功爲之，則不當其能。今治官者，智能也；今斬首者，勇力之所加也；以勇力之所加而治智能之官，是以斬首之功爲醫匠也。」蒙文通曰：「劉劭爵制曰：『吏民爵不得過公乘者，得貰與子若同産。』然則公乘者，爵之最高者也。漢官舊儀亦言：『五大夫以上，次年德爲官長將率。秦制爵等，生以爲禄位，死以爲號謚。』則秦制雖斬人一首，賜爵一級，斬雖多不過公乘，終於軍吏，不得至將率，以爲限制。惟以年德乃得爲之，以爵貰子或同産兄弟，則猶不至跛足行陳之間而握軍符之弊也。」（儒學五論）其獄法：高爵訾下爵級。訾亦量也。量其罪，貶其爵。高爵能，無給有爵人隸僕。孫詒讓曰：「能亦當作罷，言高爵有辠而罷，無得給有爵之人爲隸僕。然則卑爵罷，給有爵人爲隸僕矣。」爵自二級以上有刑罪則貶，爵自一級以下有刑罪則已，簡書曰：「二級以上可以遞降，故曰貶。一級以下則貶無可貶，故曰則已，謂停其爵也。」小失死。俞樾曰：「小夫字各本皆同，而施氏先秦諸子本作小失，非也。上云『軍爵自一級以下至小夫』，則當時自有小夫名目。孫氏星衍校本反從施作失，誤矣。」禮鴻案：貶、已、死，三者刑罪之差次，孫詒讓、朱師轍死字屬下句，蓋誤。以上至大夫，此疑當作公士至大夫，屬下爲句。其官級一等，其墓樹級一樹。

其攻城圍邑也，國司空訾莫城之廣厚之數，朱師轍曰：「訾，量也。莫各本作其，當從之。或曰：莫讀爲冪，言國司空度量城之面積廣厚之數而後攻之。」國尉分地，以徒校分積尺而攻之。徒校即前文爵自一級以下之校及徒也。爲期曰：「先已者，當爲最啓；後已者，訾爲最殿。嚴萬里曰：「范本啓後作國家，秦本啓下有國字，並誤。」朱師轍曰：「前曰啓，後曰殿。」禮鴻案：已謂克其所分之地，當猶訾也。再訾則廢。再訾爲最殿。內通則積薪，積薪則燔柱。孫詒讓曰：「內當爲穴，篆文相似而誤。墨子備穴篇云：『古人有善攻者，穴土而入，縛柱施火，以壞吾城。』即穴攻之法也。」陷隊之士面十八人，陶鴻慶曰：「隊讀爲隧，謂攻道也。」陷隊之士，嚴萬里曰：「舊本人下有之字，陷隊字倒，今依文誼刪乙。」知疾鬬不得，朱師轍曰：「得當作退，篆文形近而誤。」斬首隊五人，則陷隊之士人賜爵一級。死則一人後，不能死之，千人環。孫詒讓曰：「環當讀爲轘，聲同字通。說文車部曰：『轘，車裂人也。』」禮鴻案：此文不可通，當作一人死則十七人環，能人得一首則復。**規諫，黥劓於城下。**蓋如趙奢令有以軍事諫則死之類，將須專制，不容騰説以橈軍制也。劓，割鼻也。**國尉分地，以中卒隨之。**先之以陷隊之士。**將軍爲木壹，與國正監與正御史參望之。**嚴萬里曰：「范本下正字作王。」陶鴻慶曰：「壹乃臺字之誤，謂構木爲臺以便瞭望也。左傳之巢車，漢書趙充國傳之木樵，（師古曰：「樵與譙同。」）皆此類。」王時潤曰：「下與字當衍。」禮鴻案：史疑衍文，御參説見前。又疑與正二字涉上文與國正三字而衍，此當作與國正監御史參望之，監御史詳禁使篇朱氏引漢書百官公卿表。參望者，將軍與國正及監御史爲三也。**其先入者舉爲最啟，其後入者舉爲最殿。其陷隊也盡其幾者，幾者不足，乃以欲級益之。**幾，及也。荀子榮辱篇：「知不幾者，不可與及聖人之言。」幾者，猶今言及格也。陷隊之士必其最猛鋭中程者，盡發之而猶不足以克，乃以欲求晉級者益之耳。

弱民第二十

民弱，國彊；國彊，民弱。故有道之國務在弱民。樸則彊，淫則弱。弱則軌，淫則越志。弱則有用，越志則彊。此數句文有譌錯，今略用簡書説改之曰：民弱，國彊；民彊，國弱。故有道之國務在弱民。民樸則弱，淫則彊。弱則軌，彊則越志。軌則有用，越志則亂。**故曰：「以彊去彊者弱，以弱去彊者彊。」**解見去彊篇。

民善之則親，利之用則和，用則有任，和則匱，王時潤曰：「此處疑有脱誤，據文義當作『民善之則和，親之則用；用則有任，和則不匱。』蓋和誤作利，校者旁注和字，後人誤移於第三句之上，則用二字誤倒，和則不匱句文誤脱不字耳。」禮鴻案：此處脱誤最甚，難以校理。王氏所改，語雖整齊，以愚觀之，了無意義可通。考説民篇曰：「用善則民親其親，任姦則民親其制。合而復者善也，别而規者姦也。章善則過匿，任姦則罪誅。過匿則民勝法，罪誅則法勝民。」本篇文雖不可知，大要應與彼文相同，均言用善之不可。故此文下曰：「上舍法，任民之所善，故姦多。」即彼云章善則過匿也。其云舍法，亦與彼文民勝法相應。且兩文除民字則字當用不計外，善字親字用字任字相同，利與制近，匱與匿近，雖未能援彼改此，要其辭意俱相近則無疑。好學深思之士其必有取於予言。**有任乃富於政。**此六字亦有誤，無可據正。**上舍法，任民之所善，故姦多。**

民貧而力富，力富則淫，淫則有蝨。説民篇：「民貧則弱，國富則淫，淫則有蝨。」此文誤，當依説民篇改。**故民富而不用，則使民以食出各必有力，則農不偷。**王時潤曰：「以食出下疑當增爵字，各必有力疑當作爵必以其力。」禮鴻案：王説近是。靳令篇曰：「民有餘糧，使民以粟出官爵。官爵必以其力，則農不怠。」細審此文，各字實即官字之譌。然則當亦曰：「使民以食出官爵，官爵必以其力。」**農不偷，六蝨無萌。故國富而民治，重彊。**王時潤曰：「崇文本民治作貧治。」朱師轍曰：「吴本、崇文本作貧治。」俞樾曰：「此有闕文。去彊篇云：『國富而貧治，曰重富，重富者彊。』當據補。」禮鴻案：指海本亦作貧治，孫星衍本同，是也。**兵易弱難彊，民樂生安佚，**樂有生而安逸豫也。**死，難；難正。**嚴萬里曰：「案此句有誤字。」禮鴻案：此謂民本樂生安佚，死爲人情之所難，而欲驅之於死，其勢則難也。「難正」正字讀如春秋公羊僖二十六年傳「師出不正反，戰不正勝」

之正，正猶期也。下云：「易之則彊」，謂能使民以難爲易，則兵彊也。即說民篇「國法作民之所難，兵用民之所易」之旨。**易之則彊。事有羞，多姦；寡賞，無失。多姦疑敵，失必利。**此文不甚可曉，今以意說之，分爲二句。無失以上爲一句，餘文自爲一句。靳令篇曰：「民畢農（畢上依王時潤説刪澤字。）則國富。六蝨不用，則兵民畢競勸而樂爲主用。其（下疑脱上字。）境內之民爭以爲榮，莫以爲辱；其次，爲賞勸罰沮；其下，民惡之憂之羞之。修容（疑當作善。）而以言，恥食以上交，以避農戰，外交以備，國之危也。有饑（當作飢。）寒死亡，不爲利祿之故戰，此亡國之俗也。」又數六蝨之目，有非兵與羞戰。夫惡之憂之羞之，恥食以上交，不爲利祿之故戰，此所謂有羞多姦也。事者，農戰而已。云寡賞無失者，寡賞即下文利出一孔。靳令篇亦云：「利出一空者其國無敵，利出二空者國半利，利出十空者其國不守。」利出一孔者，所以止姦之術也。蓋賞惟加於農戰，則民不能羞之，故曰寡賞無失。「多姦疑敵失必利」，蓋當作「敵多姦疑，我必利」，謂敵之民俗多姦而兵弱，兵弱則疑而不敢戰，此我之利也。疑字與下「兵行敵之所不敢行」敢字相對。**兵至彊，威；事無羞，利。用兵久處利勢，必王。故兵行敵之所不敢行，彊；事興敵所羞爲，利。**

法有，民安其次；主變，事能得齊。朱師轍曰：「廣雅：『次，舍也。齊，整也。』國有法度則民安其居，主有權變則事能得齊。故主貴多權謀，國貴少變故。」禮鴻案：淮南子詮言篇：「投得其齊。」（今本投作捉，依王念孫改。）注：「齊，得其適也。」**國守，安；**守下疑脱法字。**主操權，利。故主貴多變，國貴少變。**韓非子定法篇謂：「申不害言術，而公孫鞅言法。術者，因任而授官，循名而責實，操生殺之柄，課羣臣之能者也。此人主之所執也。法者，憲令著於官府，刑罰必於民心，賞存乎慎法，而罰加乎奸令者也。此臣之所師也。君無術則弊於上，臣無法則亂於下。此不可一無，皆帝王之具也。」今此謂主貴多變，術家之言也。國貴少變，法家之言也。是商君非不言術，特言法者多耳。

利出一孔則國多物，利出一孔見農戰篇。**出十孔則國少物。守一則治，守十則亂。治則彊，亂則弱。彊則物來，弱則物去。故國致物則彊，去物則弱。**陶鴻慶曰：「一孔十孔當互易。元文本云：『利出十孔則國多物，出一孔則國少物。』蓋主任術，故貴多變；國任法，故貴少變。曰一孔，曰少物，皆與少變義同。故又云：『守一則治，守十則亂。』則一十二字互誤明矣。去彊篇：『主貴多變，國貴少變。國多物，削；少物，强。』（今本少物上衍不字，説具本條。）與此文有詳略，義則一也。此文又云：『强則物來，弱則物去』，乃言少物則强，强則可以致物；多物則弱，弱反足以去物，二者之効有如此耳。今本一十二字之誤，由淺人不達此旨，據下文以竄易之也。」禮鴻案：利出一孔見農戰篇，謂授官予爵必出於農、戰，義與上多變、少變不相蒙，陶氏牽而一之，非是。去彊篇「多物、少物」多少二字當互易，已見彼篇王時潤説，不當據彼篇譌文以改本篇。陶氏説「少物則强，强則可以致物；多物則弱，弱反足以去物」，以多物少物之物爲少變之變，與致物去物義不能相貫，其爲曲説明矣。

民辱則貴爵，困抑私榮則民辱。**弱則尊官，貧則重賞。以刑治民則樂用，以賞戰民則輕死。**戰民，使民爲我戰。**故戰事兵用曰彊。**戰則務之，兵則用之。**民有私榮則賤列卑官，**列，位次也。**富則輕賞。治民羞辱以刑戰，則戰民畏死。**未詳，蓋即靳令篇「羞戰」之謂，刑或衍文。**事亂而戰，**亦未詳。**故兵農怠而國弱。**嚴萬里曰：「范本怠作息，誤。」**農商官三者，國之常食官也。**俞樾曰：「食衍字。」**農闢地，商物，官法民。**簡書曰：「商物范本作商致物，王詮謂崇文本有致字，當據增。又法當爲治之譌。」禮鴻案：范本、指海本亦有致字。**三官生蝨六，曰歲，曰食，曰美，曰好，曰志，曰行。六者有樸，必削。**嚴萬里曰：「秦本必作則。」**農有餘食，則薄燕於歲。**王引之曰：「薄，發聲也。詩葛覃曰：『薄汙我私，薄澣我衣。』又芣苢曰：『薄言采之。』傳曰：『薄，辭也。』」（經傳釋詞十。）詩小雅鹿鳴：「以燕樂嘉賓之心。」傳曰：「燕，安也。」商有淫利，有美好傷器。官設而不用，志行爲卒。朱師轍曰：「説文：『隸人給事者爲卒。』官設而不用，則志行日卑，如給事之隸。」禮鴻案：商君所尚，在官能循法而已，志行甚非所求，且所惡也。志高尚之志，爲異人之行，是仁義而非法令，商君之所謂蝨也。周禮小司徒：「五人爲伍，五伍爲兩，四兩爲卒。」莊子秋水篇：「人卒九州。」卒，司馬彪注曰：「衆也。」則此乃謂官設而不用則爲志行者衆耳。成卒之云，猶靳令篇言「十二者成羣」矣。六蝨成俗，兵必大敗。夫農之有餘食，商之有淫利，官之不用於職，此民之彊也。而云兵必大敗，此之謂民彊國弱。

法枉，治亂；指海本改亂作衆，是也。任善，言多。治衆，國亂；言多，兵弱。法明，治省；任力，言息。治省，國治；言息，兵彊。故治大，國小；治小，國大。

政作民之所惡，民弱；政作民之所樂，民彊。民惡急敕而樂淫放；農戰，所惡；六蝨，所樂也。民弱，國彊；民彊，國弱。嚴萬里曰：「舊本無民弱國彊四字，從秦本增。又國弱范本作國嬴，誤。秦本作國嬴，亦非。今依上下文改正。」故民之所樂，民彊。民彊而彊之，兵重弱。民之所樂，民彊。民彊而弱之，兵重弱。王時潤曰：「商君原文疑當作『政作民之所樂，民彊。民彊而彊之，兵重弱。政作民之所惡，民弱。民弱而弱之，兵重彊。』」故以彊重弱，國愈彊則民愈弱，是謂以國之彊重民之弱也。弱重彊，民愈弱則國愈彊，是謂以民之弱重國之彊也。重，猶倍之也。王。以彊政彊弱，弱存。以弱政弱彊，彊去。彊存則弱，彊去則王。故以彊政弱，以弱政彊，王也。此文有譌衍，今校正如次：以彊攻彊，彊存。以弱攻彊，彊去。彊存則弱，彊去則王。故以彊攻彊，弱；以弱攻彊，王也。説曰：改政爲攻者，據去彊篇曰：「以彊去彊則弱；以弱去彊則彊。」又：「以彊攻彊則亡，以弱攻彊則王。」與此文結語正同也，攻去意同。此文主旨在去民之彊，故凡攻下皆爲彊字，不得云攻弱。若民弱者，但須重其弱，無用乎攻矣。

明主之使其臣也，用必加於功，賞必盡其勞。自明主以下文與錯法篇大同，蒙氏以爲本彼篇文，蓋是也。盡讀爲賮。漢書高帝紀：「蕭何主進。」師古曰：「進者，會禮之財也。字本作賮，又作贐。」文選顏延年赭白馬賦注：「孟子曰：『有遠行者必以賮。』蒼頡篇曰：『賮，財貨也。』」是以財貨與人曰盡。人主能使其民信此如日月，則無敵矣。今離婁見秋豪之末，不能明目易人；簡書曰：「范本明目上有以字。」烏獲舉千鈞之重，不能以多力易人；聖人在體性也，不能以相易也；錯法篇：「聖人之存體性，不可以易人。」疑此文聖人下亦當有之字，存在同義通用。淮南原道篇：「無所不充，則無所不在」，注：「在，存也。」今當世之用事者，皆欲爲上聖，舉法之謂也。背法而治，錯法篇：「夫聖人之存體性，不可以易人；然而功可得者，法之謂也。」據彼校此，此當作「然而功可得者，法之謂也。今當世之用事者皆欲爲上聖，舉背法而治」，有脱有倒耳。舉，皆也。此任重道遠而無馬牛，嚴萬里曰：「秦本馬牛字倒。」濟大川而無舡楫也。玉篇：「舡，船也。」今夫人衆兵强，此帝王之大資也；苟非明法以守之也，與危亡爲隣。故明主察法，境内之民無辟淫之心，嚴萬里曰：「秦本辟淫字倒。」游處之壬迫於戰陣，簡書曰：「壬范本作士，崇文本同。」禮鴻案：指海本亦作士。萬民疾於耕戰。疾猶力也。有以知其然也？有當作何，或當作奚。算地篇：「奚以知其然也？」楚國之民，自此以下至楚分爲五，其文與荀子議兵篇大同，與前文文義不貫，是乃商君書簡策佚脱，讀者謬以荀子之簡雜之，非作商君書者之襲荀子也。簡書以垂沙、鄢郢事在商君卒後，苦相攻伐。今既定其原非商子之文，故可略而不論云。齊疾而均，速若飄風。宛鉅鐵鉇，嚴萬里曰：「范本鉇作拖。」利若蜂蠆。脅鮫犀兕，堅若金石。江、漢以爲池，汝、潁以爲限，隱以鄧林，緣以方城。秦師至，鄢郢舉，若振槁。唐蔑死於垂沙，莊蹻發於內，楚分爲五。地非不大也，民非不衆也，甲兵財用非不多也，戰不勝，守不固，此無法之所生也。釋權衡而操輕重者。嚴萬里曰：「案此下有佚脱。」陶鴻慶曰：「此句著於篇末，語意未了，嚴校以爲下有佚脱。今案：上文云：『背法而治，此任重道遠而無馬牛，濟大川而無舡楫也。』疑此八字，當在『而無舡楫』之下，與上二句文義一律。蓋寫者以脱句附記篇末，而校者失於移補耳。」禮鴻案：闕文附注篇末，外內篇即有其例，見嚴氏校語，陶説近是。

□□第二十一

篇亡。闕文二孫星衍本作御盜，蓋據施氏先秦諸子本也。

外內第二十二

民之外事莫難於戰，故輕法不可以使之。奚謂輕法？其賞少而威薄，淫道不塞之謂也。奚謂淫道？爲辯知者貴，游宦者任，文學私名顯之謂也。三者不塞，則民不戰而事失矣。故其賞少則聽者無利也，聽，從也。威薄則犯者無害也。故開淫道而以輕法戰之，是謂設鼠而餌以狸也，亦不幾乎！設一物以有所招致，謂之設，猶誘也。晏子春秋外篇：「仲尼相魯，景公患之，謂晏子曰：『鄰國有聖人，敵國之憂也。今孔子相魯，若何？』晏子對曰：『君不如陰重孔子，設以相齊。孔子強諫而不聽，必驕魯而有齊，君勿納也。夫絶於魯，無主於齊，孔子困矣。』」彼云設以相齊，亦謂以甘言誘孔子，謂欲相之耳。莊子馬蹄篇「縣跂仁義」，即爾雅釋天「庪縣」，（章炳麟説。）亦謂置仁義以誘天下，與此設同意也。淮南子兵略篇：「是故爲麋鹿者，可以罝罘設也。」又説林篇「設鼠則機動」，正作設鼠。幾者，農戰篇：「則如以貍餌鼠耳，必不冀矣。」幾與冀通，皆祈之借字也。故欲戰其民者必以重法，賞則必多，威則必嚴，淫道必塞，爲辯知者不貴，游宦者不任，文學私名不顯。賞多威嚴，民見戰賞之多則忘死，見不戰之辱則苦生。賞使之忘死而威使之苦生，而淫道又塞，以此遇敵，是以百石之弩射飄葉也，何不陷之有哉？

民之内事莫苦於農，故輕治不可以使之。奚謂輕治？其農貧而商富，故其食賤者錢重。者當作而。食賤則農貧，漢書食貨志：「李悝曰：『糴甚賤傷農，農傷則國貧。』」錢重則商富；末事不禁，則技巧之人利而游食者衆之謂也。嚴萬里曰：「元本、秦本無故其食賤者云云二十二字，范本附注篇末。」朱師轍曰：「各本皆作『其農貧而商富，技巧之人利。』篇末雙行注云：『商富下一本有故其食賤者錢重，食賤則農貧，錢重則商富；末事不禁，則技巧云二十二字，』馮〔觀〕本云作去。嚴校云二十二字，誤。」禮鴻案：嚴云二十二字者，不計末技巧云三字也，不得謂誤。故農之用力最苦，而贏利少，不如商賈技巧之人。苟能令商賈技巧之人無繁，則欲國之無富不可得也。故曰：欲農富其國者，農字衍。境内之食必貴，而不農之徵必多，周禮地官閭師：「以時徵其賦。」疏曰：「閭師徵斂百里内之賦貢，賦，謂口率出泉。」市利之租必重。則民不得無田。無田，不得不易其食。易其食，謂糴而食也。食貴則田者利，田者利則事者衆。食貴，糴食不利，而又加重徵，則民不得無去其商賈技巧而事地利矣。故民之力盡在於地利矣。

故爲國者，邊利盡歸於兵，市利盡歸於農。邊利盡歸於兵者彊，市利盡歸於農者富。故出戰而彊，入休而富者王也。

君臣第二十三

古者未有君臣上下之時，民亂而不治。是以聖人別貴賤，制爵位，立名號，以別君臣上下之義。嚴萬里曰：「范本制下有節字。秦本位作秩。」禮鴻案：義與儀通，下「君臣之義」同。大戴禮記哀公問五義篇「五義」，荀子哀公篇作儀。王念孫曰：「儀與等義相近。周官大司徒曰：『以儀辨等，則民不越。』典命曰：『掌諸侯之五儀，諸臣之五等之位。』大行人曰：『以九儀辨諸侯之命，等諸臣之爵。』皆是也。」哀公篇曰：「人有五儀：有庸人，有士，有君子，有賢人，有大聖。」謂人有五等也。地廣民衆萬物多，故分五官而守之。五官之名諸書不一，不知商君當從誰也。孫詒讓曰：「五官者，殷、周侯國之制也。史記周本紀云：『古公作五官有司。』大戴禮記千乘篇云：『千乘之國，列其五官。』曾子問：『諸侯適天子，乃命國家五官而後行。』鄭注云：『五官，五大夫典事者。』管子大匡篇云：『乃令五官行事。』商子君臣篇云：『地廣民衆，故分五官而守之。』戰國策齊策云：『五官之計不可不日聽也。』曲禮：『天子之五官，曰司徒、司馬、司空、司士、司寇，典司五衆。』鄭注云：『此亦殷時之制也。』周禮大宰説邦國官制云：『設其參，傅其伍。』鄭注云：『伍謂大夫五人。』檀弓孔疏引崔靈恩説，謂小宰、小司徒、小司馬、小司寇、小司空是也。蓋諸侯雖止三卿，然亦備五官，但其二官無卿耳。戰國時諸侯蓋猶沿其制。至淮南子天文訓云：『何謂五官？東方爲田，南方爲司馬，西方爲理，北方爲司空，中央爲都。』春秋繁露五行相生篇云：『司馬者火也，司營者土也，司徒者金也，司寇者水也，司農者木也。』左昭二十九年傳云：『五行之官，是謂五官。木正曰句芒，火正曰祝融，金正曰蓐收，水正曰玄冥，土正曰后土。』此並古五官之別制，與周侯國之制不甚合也。」（墨子閒詁節葬下篇。）本篇推本古者未有君臣上下之時，則似不當爲殷、周侯國之制。但或作者習於當時沿用之制，漫以歸之於古，即殷、周侯國之制亦無不可，末由定矣。韓非子五蠹篇曰：「其帶劍者，聚徒屬，立節操，而犯五官之禁。」**民衆而姦邪生，故立法制爲度量以禁之。**漢書律曆志：「度者，分、寸、丈、引也，所以度長短也。量者，龠、合、升、斗、斛也，所以量多少也。」**是故有君臣之義，五官之分，法制之禁，不可不慎也。處君位而令不行則危，五官分而無常則亂，**此脱一事字，或在無字上，或在常字下也。**法制設而私善行則民不畏刑。君尊則令行，官修則有常事，法制明則民畏刑。**明法之道在定分篇。**法制不明而求民之行令也，不可得也。民不從令而求君之尊也，雖堯、舜之知不能以治。**

明主之治天下也，緣法而治，按功而賞。凡民之所疾戰不避死者，以求爵禄也。明君

之治國也，士有斬首捕虜之功，必其爵足榮也，禄足食也。農不離廛者，足以養二親，治軍事，嚴萬里曰：「秦本廛作里。」禮鴻案：周禮載師：「以廛里任國中之地。」鄭注曰：「廛里者，若今云邑居。廛，民居之區域也。里，居也。」案鄭注周禮遂人曰：「廛，城邑之居。」又春秋公羊宣十五年傳何休解詁言農夫之居曰：「在田曰廬，在邑曰里。」則廛里並在邑之居。據此，文當云農不離田若野，不當云廛若里也。但混而言之，廛里爲居，不離其居猶言不離其業，亦可不必過泥。治軍事當作活妻子，字之誤也。子事草書形相近。簡書解治軍事曰：「古寓兵於農，車甲及馬，均惟農民取給。薪芻供億，猶其餘事。」此曲説也。故軍士死節而農民不偷也。節謂軍之節制。今世君不然，釋法而以知，背功而以譽，以，用也。故軍士不戰而農民流徙。王時潤曰：「徒當依崇文本作徙。」臣聞道民之門，道同導。在上所先。故民可令農戰，可令游宦，可令學問，在上所與。上以功勞與則民戰，上以詩書與則民學問。民之於利也若水於下也，四旁無擇也。民徒可以得利而爲之者，上所與也。瞋目扼腕而語勇者得，説文：「瞋，張目也。」史記刺客列傳索隱曰：「勇者奮厲，必先以左手扼右腕也。」垂衣裳而談説者得，易繫辭傳：「黄帝、堯、舜垂衣裳而天下治。」疏曰：「以前衣皮，其制短小。今衣絲麻布帛，所作衣裳，其制長大，故云垂衣裳也。」此若莊子載盜跖謂孔子「縫衣淺帶，矯言僞行，以迷惑天下之主，而欲求富貴」也。釋文：「縫衣，大衣也。」遲日曠久積勞私門者得。得者，利也。尊向三者，無功而皆可以得。民去農戰而爲之，或談議而索之，爲、索，皆求也。或事便辟而請之，辟讀爲嬖。説文：「便嬖，愛也。」謂君所愛幸之人。或以勇爭之，故農戰之民日寡而游食者愈衆。則國亂而地削，兵弱而主卑。此其所以然者，釋法制而任名譽也。故明主慎法制，言不中法者不聽也，行不中法者不高也，事不中法者不爲也。言中法，則辯之；辯之猶言之。行中法，則高之；事中法，則爲之。故國治而地廣，兵彊而主尊。此治之至也。人君者不可不察也。王時潤曰："人君二字疑倒。"

禁使第二十四

人主之所以禁使者，賞罰也。賞隨功，罰隨罪。故論功察罪不可不審也。夫賞高罰下而上無必知其道也，與無道同也。凡知道者，勢數也。數，術也。故先王不恃其彊而恃其勢，不恃其信而恃其數。韓非子五蠹篇："賢良貞信之行者，必將貴不欺之士。貴不欺之士者，亦無不欺之術也。（顧廣圻曰："不下當有可字。"）布衣相與交，無富厚以相利，無威勢以相懼也，故求不欺之士。今人主處制人之勢，有一國之厚，重賞嚴誅，得操其柄，以修明術之所燭，雖有田常、子罕之臣，不敢欺也，奚待於不欺之士？今貞信之士不盈於十，而境内之官以百數。必任貞信之士，則人不足官。人不足官，則治者寡而亂者衆矣。故明主之道，一法而不求知，固術而不慕信，故法不敗而羣官無姦詐矣。"今夫飛蓬遇飄風而行千里，乘風之勢也。史記老莊申韓列傳正義："蓬，其狀若皤蒿，細葉，蔓生於沙漠中，風吹則根斷，隨風轉移也。皤蒿，江東呼爲斜蒿云。"飄風者，爾雅釋天："迴風爲飄。"邢昺疏："迴風爲飄者，郭璞云：『旋風也。』李巡曰：『一曰飄風，别二名也。』詩蓼莪曰：『飄風發發。』是也。"探淵者知千仞之深，縣繩之數也。探范本、孫星衍本作深。孫詒讓曰："探舊本作深，王石躍引爾雅釋詁『深，測也』以説之，則可不必改探也，説詳爾雅述聞。」禮鴻案：「深，測也。」釋言文。縣，垂也。故託其勢者雖遠必至，守其數者雖深必得。今夫幽夜，玉篇：「幽，不明也。」山陵之大而離婁不見；清朝日𪊨，𪊨讀爲煓。方言十三：「煓，赫也。」則上別飛鳥，下察秋豪。別，辨也。故目之見也，託日之勢也。得勢之至，嚴可均改至作主，義長。不參官而潔，陶鴻慶曰：「潔字當爲絜字之誤。絜，度也。」禮鴻案：參，猶多也，不待多官衆吏相監司而其行合度也。陳數而物當。當猶治也。今恃多官衆吏，官立丞監。朱師轍曰：「鄭樵通志：『秦置郡丞，其郡當邊戍者，丞爲長史，掌兵馬。』漢書百官表：『監御史，秦官，掌監郡。』」禮鴻案：丞不止郡丞，境内篇有丞尉，百官表亦有。其餘如御史大夫、奉常、郎中令、太僕、典客、宗正、治粟内史、少府、中尉、將作少府、詹事等，皆秦官有丞，見百官表也。丞監之詳，今不得聞。夫置丞立監者，且以禁人之爲利也，且，將也。爲，求也。而丞監亦欲爲利，則何以相禁。故恃丞監而治者，僅存之治也。僅免於危亡。通數者不然也，別其勢，下文云「利異而害不同」是也。難其道。故曰：其勢難匿者，雖跖不爲非焉。呂氏春秋異用篇注：「跖，盜跖，大盗人名也。」或先王貴勢。簡書曰：「或先王崇文本作故先王，是。」禮鴻案：指海本亦作故。

或曰：人主執虛後以應，則物應稽驗，稽驗則姦得。韓非子主道篇：「道者，萬物之始，是非之紀也。是以明君守始以知萬物之源，執紀以知善敗之端。故虛静以待令，（令字疑衍。）令名自命也，令事自定也。虛則知實之情，静則知（俞樾曰：「當作爲。」）動者正。有言者自爲名，有事者自爲形。形名參同，君乃無事焉歸於其情。」説與此似。彼云參同，猶此云稽驗。蓋謂聽於羣言，觀於衆事，參互稽之，則可以得姦之情；而不知「事同體一以相監，不可」也。**臣以爲不然。夫吏專制決事於千里之外，十二月而計書以定事，以一歲別計而主以一聽見所疑焉，不可，蔽員不足。**嚴萬里曰：「案：此句有闕誤。」朱師轍曰：「國語：『及蔽獄之日。』韋注：『蔽，決也。』說文：『員，物數也。』言吏專制決事於千里之外，計書已定，歲終始上，事已一歲，再届大計之時，而人主始一聽斷其事，見可疑者不能決，以時久遠，物數不足，不能考驗故也。」禮鴻案：「漢書武帝紀：『太初元年，受計于甘泉。』師古曰：『受郡國所上計簿也。』又：『元光五年，令與計偕。』師古曰：『計者，上計簿使也。郡國每歲遣詣京師上之。』周禮天官小宰：『以聽官府之六計，弊羣吏之治：一曰廉善，二曰廉能，三曰廉敬，四曰廉正，五曰廉灋，六曰廉辨。』注：『弊，斷也。』疏：『計功過之多少而聽斷之。』又天官司會注：『司會主天下之大計。』疏曰：『言會大計者，案宰夫職：日計曰成，月計曰要，歲計曰會，此所言者歲計也。』朱說蓋爲近之。蔽即周禮之弊，不可二字當逗而屬上，「主以一聽見所疑焉，不可」者，與「事同體一者相監，不可」句法一例。蔽員不足者，謂所以決斷之物證不足也。所以然者，固由時久，亦以吏專制於外，計書可以虛構，同官一辭，無由發覆也。**夫物至則目不得不見，言薄則耳不得不聞。**王時潤曰：「薄，迫也。」**故物至則變，**變辨字通，說見壹言篇。**言至則論。**陶鴻慶曰：「後漢書陳寵傳注：『論，決也。』」**故治國之制，民不得避罪如目不能以所見遁心。**不待鉤稽。**今亂國不然，恃多官衆吏。吏雖衆，同體一也。夫同體一者相不可。**孫詒讓曰：「同體一上疑脱事字，下文兩云『事合而利異，』可證。相下當有監字，下文云『騶虞以相監，不可』，亦其證也。」**且夫利異而害不同者，先王所以爲⿰亻彔也。**下文云「利合而惡同」，惡與害義相因，有害則惡之矣。夫所利所惡不同，故不能朋比也。鄧析子無厚篇曰：「同舟渡海，中流遇風，救患若一，所憂同也。張羅而畋，唱和不差者，其利等也。」與此意相發。⿰亻彔，范本、孫星衍本作保。衡陽馬宗霍先生曰：「⿰亻彔字與⿰亻⿱𠃍夫形近，或係⿰亻⿱𠃍夫之譌。⿰亻⿱𠃍夫爲辟之古文，見于玉篇。辟者法也，先王所以爲辟即先王所以爲法。」禮鴻案：馬君所説於形爲近，特古書之字多有不見於字書者，即此説未必確也。愚以諧聲求之，説文：「逯，行謹逯逯也。睩，目睞謹也。淥，隨從也。」又荀子脩身篇：「程役而不録。」注：「録，檢束也。」是從录得聲者有拘謹檢束之義，似先王所以爲禄即先王所以爲謹，謂使民畏法不敢爲姦也。**故至治，夫妻交友不能相爲棄惡蓋非而不害於親，民人不能相爲隱。**棄疑當作弆，弆與棄之古文弃形近，因誤爲弃，後人復改爲棄耳。廣韵上聲八語：「弆，藏也。」蓋藏義相同。夫妻交友，親也；異其利害，則雖親而不能相掩蓋，故曰不害於親。畫策篇曰：「失法離令，若死我死。」失法離令，戰士之所利以全其生，而家人以爲害；出死斷亡，戰士以害其生，而家人冀其能然；是亦利異而惡不同矣。**上與吏也，事合而利異者也。**上，君也。君與吏共其治，君利在吏奉法而公，吏利在舞法營私，故曰事合而利異。此與下「吏之與吏利合而惡同」相對。韓非子孤憤篇：「臣主之利，與（讀作舉。）相異者也。」即其旨也。簡書不憭此義，乃欲改上爲士，并欲改下事合而利異爲事合而利不異，皆非也。**今夫騶虞以相監，不可，事合而利異者也。□□□□□□□□□□□若使馬馬能焉，則騶虞無所逃其惡矣，利異也。**馬馬能焉，范本、孫星衍本、指海本並作馬焉能言。俞樾曰：「毛傳以騶虞爲義獸，而周官鍾師疏曰：『今詩韓魯説，騶虞，天子掌鳥獸官。』以此書證之，則韓、魯説亦古義也。惟事合而利異當作事合而利同，商君之意，以騶虞兩職，事合利同，不可使之相監，恐其互相容隱，故必馬能言，始無所逃其惡。下文云：『吏之與吏，利合而惡同也。』是其明證也。馬焉之焉當爲衍文，即馬字之誤而衍者。或疑是説文焉鳥之本義，然焉之與馬既非一類，合稱馬焉，於古無徵，殆不可用。」簡書曰：「馬焉之説，自以或説從説文焉鳥本義爲得。蓋商書本義謂若使鳥獸能言，則司鳥獸者不能逃其惡也。其言馬焉者，各舉其類之一以概其餘耳。馬焉合稱，古書本不多見。然馬與其他鳥名並稱者亦未曾有，固不能以他書未見而致疑於本書也。若以爲衍文，則此處有獸無鳥，似有闕義，故當以或説爲是。」又曰：「兩事合而利異均當作事合而利不異。」禮鴻案：馬焉之説，今所未詳。至「事合而利異」，俞欲改異爲同，簡欲改異爲不異，並未得其實。王時潤校：「崇文本無缺文十六字。」錢熙祚刻指海本全删十六缺文及其上之「事合而利異者也」一句，説曰：「此下原文複上文事合而利異者也七字，又空十六格。按：騶虞不可相監正爲利同，非爲利異；又上下文勢緊相承接，不得間以他語，並删去。」此校最是，當從之。利合而惡同者，父不能以問子，君不能以問臣。父不能問子，子不以對也。父子之親且然，況君臣乎？吏之與吏，利合而惡同也。夫事合而利異者，先王之所以爲端也。廣雅釋詁：「端，正也。」民之蔽主而不害於蓋，言民將蔽主，主不爲所蔽也。蓋即蔽。賢者不能益，不肖者不能損。亦指事合利異之道言，此四句並當屬上。故遺賢去知，治之數也。嚴萬里曰：「秦本去作棄。」

慎法第二十五

凡世莫不以其所以亂者治，故小治而小亂，大治而大亂。人主莫能世治其民，以世之所以治民者爲治而不亂者無之，此世字爲疏狀之語。世無不亂之國。以世之所以治民者爲治則無不亂之國，此世字述語也。奚謂以其所以亂者治？夫舉賢能，世之所治也，而治之所以亂。世之所謂賢者，言正也；所以爲善正也，黨也。下正字當在黨字下。「言正」、「黨正」文相對，正猶定也，謂以言説黨與定其賢善與否也。荀子解蔽篇：「凡人之有鬼也，必以其感忽之間疑玄之時正之。此人之所以無有而有無之時也，而己以正事。」莊子齊物論篇：「使同乎若者正之，既與若同矣，惡能正之？」云云，皆與此正字同。聽其言也，則以爲能；問其黨，以爲然；故貴之不待其有功，誅之不待其有罪也；此其勢正使汙吏有資而成其姦險，小人有資而施其巧詐。初借吏民姦詐之本，而求端慤其末，說文：「慤，謹也。」慤爲慤之俗體。禹不能以使十人之衆，庸君安能以御一國之民？彼而黨與人者，不待我而有成事者也。彼指求仕者。黨與，阿附比周也。人，所附之人。我指人主。謂人主聽黨人之言，則求仕者但阿附黨人而已有成事也。上舉一與民，舉一之一若「一言僨事」之一。民倍主位而嚮私交。倍，背也。民倍主位而嚮私交，則君弱而臣彊。君人者不察也，非侵於諸侯，必劫於百姓。嚴萬里曰：「范本劫作却。」朱師轍曰：「各本皆作却，唯崇文本同嚴本，不誤。」彼言說之勢，愚知同學之；士學於言說之人，則民釋實事而誦虛詞。民釋實事而誦虛詞，則力少而非多。非猶姦也。君人者不察也，以戰，必損其將；以守，必賣其城。故有明主忠臣產於今世而散領其國者，嚴萬里曰：「案：散字誤。秦本作能，亦非。」禮鴻案：散當爲欲，字之誤耳。禮記仲尼燕居篇：「禮也者，領惡而全好者與？」注：「領，猶治也。」不可以須臾忘於法。破勝黨任，虞書「而難任人」，僞孔傳：「任，佞。」節去言談，任法而治矣。使吏非法無以守，則雖巧不得爲姦。使民非戰無以効其能，効，俗體，指海本作效。則雖險不得爲詐。夫以法相治，以數相舉者不能相益，訾言者不能相損；俞樾曰：「以數相舉下奪譽字。因譽舉字形相似，故傳寫誤奪之耳。下文云：『民見相譽無益。』又曰：『見訾言無損。』正承此而言，故知當有譽字也。」王時潤曰：「言字當衍，蓋即譽字脫爛其半，遂誤入下文耳。」民見相譽無益，相管附惡。王時潤曰：「相管附惡義不可通，疑當作習相愛不相阿。下文云：『愛人者不阿。』正承此句而言，當據改。」禮鴻案：王說是也。蓋管與習，附與阿，皆形近之誤。愛字篆文作恚，與惡形近。下文又有愛惡字，故又相誤。而復脱亂耳。習者，習爲成俗也。民習於相愛而不相阿，相憎而不相害，則無實者不得進，有能者不得退矣。以文義言，王説亦不可易。見訾言無損，習相憎不相害也。夫愛人者不阿，憎人者不害，愛惡各以其正，治之至也。臣故曰：法任而國治矣。

千乘能以守者自存也，萬乘能以戰者自完也，二者字不讀斷，二也字逗，不爲句。雖桀爲主，不肯詘半辭以下其敵。外不能戰，内不能守，雖堯爲主，不能以不臣諧所謂不若之國。孫詒讓曰：「明刻本孫錢及嚴可均校本謂字并在所字上，是也。惟嚴萬里本如是，疑臆改。以文義考之，諧謂當爲諧調之誤。」簡書曰：「范本謂亦在所字上。」自此觀之，國之所以重，主之所以尊者，力也。於此二者力本，疑當作此二者本於力。而世主莫能致力者，何也？使民之所苦者無耕，危者無戰。王時潤曰：「無猶言莫若。」二者，孝子難以爲其親，忠臣難以爲其君。二者，苦與危也。今欲敺其衆民，説文：「敺，古文驅从攴。」與之孝子忠臣之所難，臣以爲非劫以刑而敺以賞莫可。而今夫世俗治者莫不釋法度而任辯慧，後功力而進仁義，民故不務耕戰。朱師轍曰：「務各本皆作觸，觸字本通，嚴妄改。」禮鴻案：觸當作屬，聲之誤也。算地篇曰：「入令民以屬農，出令民以計戰。」作觸斷不可通。彼民不歸其力於耕，即食屈於内；即，則也。屈，竭也。不歸其節於戰，節謂從服軍之節制。君臣篇曰：「故軍士死節。」則兵弱於外。入而食屈於内，出而兵弱於外，雖有地萬里，帶甲百萬，與獨立平原一貫也。嚴萬里曰：「元本、范本無貫字。」王時潤曰：「崇文本亦無貫字。」簡書曰：「范本貫作□。」禮鴻案：指海本亦無貫字。貫字脱。一貫，古之常語。韓非子顯學篇曰：「磐石（依顧廣圻增石字。）不生粟，今商官技藝之士，亦不墾而食，是地不墾，與磐石一貫也。」莊子德充符篇："以死生爲一條，以可不可爲一貫。"獨立平原，謂人主孤立無助也。且先王能令其民蹈白刃，被矢石，説文："厥，發石也。旝，一曰：建大木，置石其上，發以機以槌敵。"（案：旝即厥之聲借。）漢書李廣蘇建傳："乘隅下壘石。"師古曰："言放石以投人。"其民之欲爲之，非如學之，王時潤曰："如疑當作好。"案：王説是也。所以避害。故吾教令民之欲利者非耕不得，避害者非戰不免，境内之民莫不先務耕戰而後得其所樂。故地少粟多，民少兵彊。能行二者於境内，則霸王之道畢矣。

定分第二十六

前論行法之方，後論立法之意。案：商君之制法令也，須在於官而告於民，副在禁室，敢剟定法令損益一字以上者死無赦。其官之告於民也，則官民各執券書以杜變易。其用之如一而無私也如此，則姦令者安所竄其手乎？韓非子定法篇曰："申不害，韓昭侯之佐也。韓者，晉之別國也。晉之故法未息，而韓之新法又生；先君之令未收，而後君之令又下。申不害不擅其法，不一其憲令，則姦多。故利在故法前令則道之，（道，由也。姦臣擇於前後新故之間，取其利己者而由之也。）故新相反，（故新上舊有利在二字，依盧文弨删。）前後相勃，則申不害雖十使昭侯用術，而姦臣猶有所譎其辭矣。"後世有國者之用法，蓋嘗有蹈申子之轍者矣，此商韓之所悲也。

公問於公孫鞅曰："法令以當時立之者，明旦欲使天下之吏民皆明知，而用之如一而無私，奈何？"公孫鞅曰："爲法令，置官吏樸足以知法令之謂者，以爲天下正，則奏天子。

爲法令當逗，此言既造法令，則薦主法令之官於天子也。樸，樸愨能執法也。知讀如呂氏春秋長見篇「三年而知鄭國之政」之知，猶主也。**天子則各主法令之。**范本、崇文本、指海本、圖書集成祥刑典九十三引並作「天子各則主法令之則主法令之」十三字。案：各在則上近是，各當作若，字之誤也。若與諸同，天子若，謂天子可其人也。既可之，故使主法令。主法令三字爲動詞，之，指所奏之人也。又重則主法令之五字，則蒙上文而衍。**皆降，受命發官，各主法令之。**上天子所命蓋爲天子之法官及吏，其諸侯郡縣之法官及吏則命之於天子之法官也。此云「皆降，受命發官，各主法令之」者，謂天子之法官受天子之命而分發諸侯郡縣之法官，令各主其郡縣之法令也。天子置三法官，故云皆。**民敢忘行主法令之所謂之名，**主字疑衍。法令之所謂之名，法令之所謂與名也。**各以其忘之法令名罪之。主法令之吏有遷徙物故，輒使學讀法令所謂。**王時潤曰：「遷徒當依崇文本作遷徙。」簡書曰：「主法令之吏，其有遷徙，固不煩再使學讀法令；設爲物故，何能使之學讀法令邪？商子原意謂主法令吏有遷徙物故，當備承乏之人使學讀法令耳。然則此句非使字有重文誤脱，即學字下脱一者字。蓋不如是不可通也。」禮鴻案：指海本亦作遷徙。漢書李廣蘇建列傳：「前以降及物故。」師古曰：「物故謂死也，言其同於鬼物而故也。一説：不欲斥言，但云其所服用之物皆已故耳。而説者妄欲改物爲勿，非也。」宋祁曰：「物當從南本作歾。」王念孫曰：「釋名：『漢以來謂死爲物故，其言諸物皆就朽故也。』（此師古後説所本。）史記張丞相傳集解引高堂隆答魏朝訪曰：『物，無也。（此是讀物爲勿。）故，事也。言無所能於事。』念孫案：宋説近之。物與歾同。説文：『歾，終也。或作殁。』歾物聲近而字通。今吳人言物字聲如没，語有輕重耳。物故猶言死亡。楚元王傳云：『物故流離以十萬數。』夏侯勝傳云：『百姓流離物故者過半。』物故與流離對文，皆兩字平列。諸家皆不知物爲歾之借字，故求之愈深，而失之愈遠矣。」**爲之程式，使日數而知法令之所謂。**王時潤曰：「日數二字當乙，數日猶言刻日。」禮鴻案：日數不誤，謂以日計也。王得於意而不得於辭。**不中程，爲法令以罪之。有敢剟定法令一字以上，罪死不赦。諸官吏及民有問法令之所謂也於主法令之吏，皆各以其故所欲問之法令明告之，各爲尺六寸之符，明書年、月、日、時，所問法令之名以告吏民。**俞樾曰：「日知録謂古無一日分十二時之説，自漢以下，曆法漸密，於是以一日分爲十二時，不知始於何時，至今不廢。然此書已言年月日時，則六國時已有此説矣。意所謂時者，尚是平旦鷄鳴之屬，而非今之所謂十二時歟。管子立政篇：『乃發使者致令以布憲之日，蚤宴之時。』亦言日兼言時。」**主法令之吏不告及之罪而法令之所謂也，**王時潤曰：「陳仁錫本作『主法令之吏不告吏民之所問法令之所謂』，陳本是，當據改。」簡書曰：「陳本近是，然有餘義。疑當作『主法令之吏不告及所問法令之罪而法令之所謂也』。而猶與也。蓋一法令有名有罪有所謂，如某種法令云云，名也；某法令應如何如何云云，法令之所謂也；設不如某法令治某罪云云，罪也。」禮鴻案：簡説亦未盡。此當作「主法令之吏不告吏民所問法令之罪而法令之所謂也」。及即民字形近之譌，而脱吏字及所問法令四字耳。陳本則上不脱而下脱，正可據以相補正。**皆以吏民之所問法令之罪各罪主法令之吏。即以左券予吏之問法令者，主法令之吏謹藏其右券，木押以室藏之，封以法令之長印。即後有物故，以券書從事。**簡書曰：「即以左券予吏之問法令者至以券書從事一段應緊接於以告吏民句下。蓋各罪主法令之吏下不應突有即以左券以下一段，而以告吏民句下若無即以左券以下一段，則上文各爲尺六寸之符明書年月日時所問法令之名等語無著落。商鞅意蓋謂吏民問法令於主法令吏，主法令吏不特口告之，并書諸符，左右若一，左予問者，右藏官中，一以使主法吏不敢弄法，一以防異日法令有事故時官私或各執一詞，使官吏或人民執曰：『吾向所聞於主法令者若此，今忽不若此！』則是非無所取證。既有官私各藏之左右券，則但取以校核，便可證明官民犯法或法吏弄法，而無有枉縱也。故下文曰：即後有物故，以券書從事。可知其用意之深遠矣。然非校正，則文義不屬也。」禮鴻案：簡説是也。「即以左券予吏之問法令者」，吏下當有民字。木押押字指海本作柙。案：説文無押字，正當作柙，指海本是也。木柙以室藏之者，室亦藏也。券書盛以凾而封題之，曰檢。復以版護所題署，曰柙。説文檢下曰：「書署也。」徐鍇曰：「書函之蓋也。三刻其上，繩緘之，然後填以泥，題書而印之也。大唐開元封禪禮爲石凾以盛玉牒，用石檢也。」又柙下曰：「檢柙也。」鍇曰：「謂書封凾之上恐磨滅文字，更以一版於上柙護之。」**法令皆副置。一副天子之殿中。爲法令爲禁室，有鋌鑰爲禁而以封之。**孫詒讓曰：「鋌當爲鍵。方言云：『户鑰，自關而東陳楚之間謂之鍵，自關而西謂之鑰。』」禮鴻案：小爾雅廣服篇：「鍵謂之籥。」李軌注：「扃籥也，亦作鑰。」王煦疏曰：方言云：「户鑰，自關而東陳、楚之間謂之鍵，自關而西謂之鑰。」禮記月令：「修鍵閉。」顔氏家訓引蔡邕章句云：「鍵，關牡也，所以止扉。或謂之剡移。」按：剡移即扊扅也。鄭注曰：「鎖之入内者謂鍵。」周官司門：「掌授管鍵以啓閉國門。」鄭司農云：「鍵讀爲蹇，管謂籥也。鍵爲牡。」賈疏云：「管籥以啓門，鍵牡以閉門。讀鍵爲蹇者，取其蹇澀之意。鍵爲牡者，以入者爲牡，容者爲牝也。」淮南時則訓云：「修楗閉，慎管籥。」高誘注：「楗，鎖須。閉，鎖筒。管籥，鎖匙。」據先後鄭及高氏之説，是鍵主閉，籥主啓。據揚雄之説，則鍵即是籥，與經文（指小爾雅。）同。蓋方俗語異，名謂不同，兩存之可也。**內藏法令。**內讀爲納。**一副禁室中，封以禁印。有擅發禁室印，及入禁室視禁法令，及禁剟一字以上，**孫詒讓曰：「禁剟當作剟禁。説文刀部云：『剟，刊也。』謂刊削禁令之字。上文云：『有敢剟定法令，損益一字以上，罪死不赦。』」禮鴻案：衹一禁字不得爲禁法令，如孫説，必於禁下增法令二字始可。竊疑禁剟當作栞剟，字之誤也。栞通作刊，刊剟同義連文。説文木部云：「栞，槎識也。从木，㦰闕。夏書曰：『隨山栞木。』讀若刊。」今禹貢作刊木，是栞刊音同字通。**罪皆死不赦。**剟改禁室法令，以天子殿中法令校而知之。有敢入殿中改法令，罪死不赦自明。其天子殿中，宜亦有禁室鍵鑰也。**一**

歲受法令以禁令。嚴萬里曰：「諸本以禁令三字並作闕文，此據秦本增。」禮鴻案：受讀爲授，古受、授只一字也。此謂頒布法令皆以禁法令爲據也。管子立政篇：「正月之朔，百吏在朝，君乃出令布憲於國。五鄉之師、五屬大夫皆受憲於太史。大朝之日，五鄉之師、五屬大夫皆身習憲於君前。太史既布憲，入籍於太府。憲籍分於君前，五鄉之師出朝，遂於鄉官致於鄉屬，及於游宗，皆受憲。憲既布，乃反致令焉，然後敢就舍。憲未布，令未致，不敢就舍。就舍，謂之留令，罪死不赦。五屬大夫皆以行車朝出朝，不敢就舍，遂行至都之日，（注：「五屬之都。」）遂於廟致屬吏，皆受憲。憲既布，乃發使者以布憲之日蚤晏之時。憲既布，使者以發，然後敢就舍。憲未布，使者未發，不敢就舍。就舍，謂之留令，罪死不赦。憲既布，有不行憲者，謂之不從令，罪死不赦。考憲而有不合於太府之籍者，侈曰專制，不足曰虧令，罪死不赦。首憲既布，然後可以布憲。」其事與此相類。彼之首憲當此之禁令也。（舊注以首憲爲歲朝之憲，下布憲爲月朝之憲，蓋非是。）**天子置三法官：殿中置一法官，御史置一法官及吏，丞相置一法官。**禮鴻案：或據齊召南説漢書百官公卿表，以左右丞相始立於秦武王二年，後商君之死三十年，疑此非商君語。今謂左右丞相始立於秦武王二年固是，然此固亦可云商君草創其制，至武王時始見施行，必謂其非商君之文，未見其確然也。史記張儀傳秦惠王十年，以張儀爲相，秦本紀同。事在武王前，可見丞相雖自武王立，而其名固有漸矣。朱師轍曰：「史記秦本紀：『武王二年，初置丞相，樗里疾、甘茂爲左右丞相。』案：商君在秦武王前廿餘年，是丞相之官不自武王始置，蓋武王始置左右丞相耳。子長誤。」禮鴻案：朱氏執商君書以議史記，亦備一説。**諸侯郡縣皆各爲置一法官及吏，**説文：「郡，周制天子地方千里，分爲百縣，縣有四郡，故春秋傳曰：『上大夫受縣，下大夫受郡是也。』至秦初，天下置三十六郡以監縣。」段玉裁曰：「戰國策：『甘茂曰：「宜陽，大縣也，名爲縣，其實郡也。」』秦武王時已郡大縣小矣。前此，惠文王十年，魏納上郡十五縣；後十三年，攻楚漢中，取地六百里，置漢中郡。吴氏師道曰：或者山東諸侯先變古縣大郡小之制，而秦效之，是也。」禮鴻案：說文述周制，據周書作雒解。皆此秦一法官。郡縣諸侯一受寶來之法令，孫詒讓曰：「皆此秦一法官此當作比，形近而誤。言諸侯郡縣之法官其職秩吏屬與秦都法官同也。寶來當作禁室，今本禁譌爲來，室譌爲寶，又顛倒其文，遂不可通。上文云『爲法令爲禁室』，可證。」禮鴻案：一受皆受也。寶字俗作宝，故室誤爲寶。學問并所謂。或移并字於問字上，是也。學并問所謂者，學并問法令之所謂也。學法令之所謂者，前云「輒使學者讀法令所謂」是也。問法令之所謂者，前云「諸官吏及民有問法令之所謂於主法令之吏」是也。吏民知法令者，王時潤曰：「知上疑當增欲字。」皆問法官。故天下之吏民無不知法者。吏明知民知法令也，故吏不敢以非法遇民，民不敢犯法以干法官也。干亦犯也。遇民不修法，孫詒讓曰：「修當爲循，隸書修循二字形略同，傳寫多互譌。」禮鴻案：此謂吏遇民不循法。則問法官，法官即以法之罪告之。民即以法官之言正告之吏，吏知其如此，朱師轍曰：「各本作公知其如此，按公字不誤，公謂公衆也。包吏民而言，義較長。」故吏不敢以非法遇民，民又不敢犯法。如此，天下之吏民雖有賢良辯慧，不能開一言以枉法。雖有千金，不能以用一銖。史記陸賈傳：「迺出所使越得橐中裝賣千金。」正義：「漢制：一金直千貫。」漢書律曆志：「一龠容千二百黍，重十二銖，兩之爲兩。二十四銖爲兩。」故知詐賢能者皆作而爲善，知讀爲智。作，起也，興也。皆務自治奉公。

民愚則易治也，此所生於法令明白易知而必行。法令者，民之命也，爲治之本也，所以備民也。爲治而去法令，此六字羣書治要作「智者不得過，愚者不得不及，名分不定而欲天下之治」二十二字，是也。當據改補。猶欲無饑而去食也，饑當作飢。欲無寒而去衣也，欲東西行也，指海本據御覽六百三十八欲下補至字，東下補而字。其不幾亦明矣。不幾説見外内篇。一兔走，百人逐之，非以兔也。治要下兔下有「爲可分以爲百由名分之未定」十二字，當據補。夫賣者滿市而盜不敢取，賣下當據治要補兔字。由名分已定也。三國志魏志袁紹傳注引九州春秋載沮授諫出袁譚爲青州辭曰：「世稱一兔走衢，萬人逐之，一人獲之，貪者悉止。分定故也。」故名分未定，堯、舜、禹、湯且皆如騖焉而逐之；如騖焉三字治要作加務二字。指海本亦據長短經改加務。案如當爲加，加騖言加力馳鶩也。騖鶩同字。治要、長短經作務，乃以同音假借。名分已定，貧盜不取。治要作貪盜，是。今法令不明，其名不定，其名當作名分。上下文皆言名分，又下文此所謂名分不定也正應此句，是其證。天下之人得議之，其議人異而無定。人主爲法於上，下民議之於下，是法令不定，以下爲上也。王時潤曰：「崇文本爲上作爲正。」禮鴻案：范本、孫星衍本、指海本、圖書集成祥刑典九十三並作爲正，正字義長。此所謂名分之不定也。治要無之字，是。夫名分不定，堯、舜猶將皆折而姦之，舉堯、舜以概善人，善人不止一人，故曰皆。折，猶言枉道也。而況衆人乎？此令姦惡大起，人主奪威勢亡國滅社稷之道也。今先聖人爲書傳之後世，必師受之，乃知所謂之名。之，與也。王引之曰：「書立政曰：『文王罔攸兼於庶言、庶獄、庶慎，惟有司之牧夫。』又曰：『其勿誤於庶獄，惟有司之牧夫。』皆謂有司與牧夫也。」（經傳釋詞九。）所謂，其意也；名，其言也。」不師受之，而人以其心意議之，至死不能知其名與其意。故聖人必爲法令置官也置吏也爲天下師，所以定名分也。名分定，則大詐貞信，民皆愿慤而各自治也。民皆，指海本依長短經適變篇改巨盜。禮鴻案：治要亦作巨盜，民皆即巨盜二字形近之誤。大詐巨盜文正相對，錢校是也。韓非子守道篇：「暴者守愿，邪者反正，大勇愿，巨盜貞。」語與此相似。説文：「愿，謹也。」夫名分定，勢治之道也；名分不定，勢亂之道也。故勢治者不可亂，世亂者不可治。夫世亂而治之，愈亂；兩世字當依治要作勢。勢治而治之，則治。故聖王治治不治亂。王，治要作人。按：上下文皆云聖人，治要是。夫微妙意志之言，上知之所難也。知讀爲智，下知者愚知同。夫不待法令繩墨而無不正者，千萬之一也。故聖人以千萬治天下。故夫知者而後能知之，不可以爲法，民不盡知；賢者而後知之，知上當有能字。不可以爲法，民不盡賢。故聖人爲法，指海本爲下補民作二字。云長短經民作人，避唐諱，治要仍作民，唯脱作字。禮鴻案：爲民作法是也。下文云：爲置法官，置主法之吏以爲天下師，令萬民無陷於險危，正爲民之説也。必使之明白易知，名正愚知徧能知之。治要、長短經無名正二字，指海本據刪，是也。爲置法官，置主法之吏以爲天下師，令萬民無陷於險危。故聖人立天下而無刑死者，而下治要有天下二字，立讀爲竦，説見修權篇。非不刑殺也，非下指海本依治要長短經補可刑殺而四字，是也。行法令明白易知，爲置法官吏爲之師以道之，官下當依上文補置主法之四字，道讀爲導。知萬民皆知所避就，王時潤曰：「上知當爲使。」禮鴻案：此避就二字蓋涉下文衍。避禍就福而皆以自治也。自治則上不煩矣。説民篇所謂王者刑賞斷於民心是也。故明主因治而終治之，故天下大治也。終猶遂也，成也。治要、長短經無終字，蓋節文。按：韓非子八説篇云：「書約而弟子辯，法省而民訟簡，（顧廣圻曰：「簡當作萌，在訟字上。萌，氓也。民萌訟與弟子辯相對，訟猶辯也。今案：簡當作萌是也，不當在訟字上，萌乃萌生之意，不讀爲氓。」）是以聖人之書必著論，明主之法必詳事。盡思慮，揣得失，智者之所難也。無思無慮，挈前言而責後功，愚者之所易也。明主慮愚者之所易，以責智者之所難，（顧廣圻曰：「以當作不。」）故智慮不用而國治也。」說與此篇大同。

六　法

指海本附録商子逸篇於此。云：治要引此在修權篇前，今修權前無逸篇，蓋今之目録已非唐本之舊矣，故附於末。禮鴻案：意林所引商子次第與今本同，疑今本較唐時目録有佚脱無倒亂也。又嚴可均改六法作立法（全上古三代秦漢三國六朝文。）是也。

先王當時而立法，度務而制事。務猶云當務之急，度猶量也。法宜其時，則治。事適其務，故有功。然則法有時而治。有疑當作宜，字形相近，又涉上有功而誤也。事有當而功。今時移而法不變，務易而事以古，是法與時詭，詭借作恑。説文：「恑，變也。」引申之義則爲異。而事與務易也。故法立而亂益，務爲而事廢。故聖王之治國也，不法古，不循今，當時而立功，在難而能免。今民能變俗矣，莊子馬蹄篇：「赫胥氏之時，民居不知所爲，行不知所之，含哺而熙，鼓腹而遊，民能以已此矣。」而法不易；國形更勢矣，而務以古。民能變俗者，上世之民愚而今世之民巧也。國形更勢者，效於古者先德而治，效於今者前刑而法（疑當作治）也。並見開塞篇。夫法者，民之治也；務者，事之用也。國失法則危，事失用則不成。故法不當時而務不適用而不危者，未之有也。

附録

商君書附攷

嚴萬里

禮鴻案：此與商君書目録案語皆嚴萬里撰。目録案語嚴原本冠於卷首，今移在此篇後。

史記商君列傳：「太史公曰：『余嘗讀商君開塞、耕戰書，與其人行事相類。卒受惡名於秦，有以也夫！』」

漢書藝文志：「法家：商君二十九篇。本注曰：『名鞅，姬姓，衞後也。相秦孝公，有列傳。』」

隋書經籍志：「法部：商君書五卷，秦相衞鞅撰。」

舊唐書經籍志：「法家：商君書五卷。」

新唐書藝文志：「法家：商君書五卷，商鞅譔。或作商子。」

司馬貞史記索隱曰：「案商君書，開謂刑嚴峻則政化開，塞謂布恩賞則政化塞。其意本於嚴刑少恩。又爲田開阡陌，及言斬敵首賜爵。是耕戰書也。」

通志藝文略：「法家：商君書五卷，秦相衛鞅撰。漢有二十九篇，今亡三篇。」

郡齋讀書志：「法家類：商子五卷。右秦公孫鞅撰。鞅，衛之庶孽，好刑名之學。秦孝公委以政，遂致富彊。後以反誅。鞅封於商，遂以名其書。本二十九篇，今亡者三篇。太史公既論鞅刻薄少恩，又讀鞅開塞書，謂與其行事相類，卒受惡名，有以也。索隱曰：『開謂刑嚴峻則政化開，塞謂布恩惠則政化塞。』今考其書，司馬貞蓋未嘗見之，妄爲之説耳。開塞乃其第七篇，謂道塞久矣，今欲開之，必刑九而賞一。刑用於將過，則大邪不生；賞施於告姦，則細過不失。大邪不生，細過不失，則國治矣。由此觀之，鞅之術無他，特恃告姦而止耳。故其治不告姦者與降敵同罰，告姦者與殺敵同賞。此秦俗所以日壞，至於父子相夷，而鞅不能自脱也。太史公之言信不誣也。」

周氏涉筆曰：「商鞅書亦多附會後事，擬取他辭，非本所論箸也。其精確切要處，史記列傳包括已盡。今所存大抵汎濫淫辭，無足觀者。蓋『有地不憂貧，有民不憂弱』，凡此等語，殆無幾也。此書專以誘耕督戰爲本根。今云『使商無得糴，農無得糶。農無糶則窳惰之農勉，商無糴則多歲不加樂』，夫積而不糶，不耕者誠困矣，力田者何利哉？暴□

禮鴻案：此粟字。如丘山，不時焚燒，無所用之；管子謂積多而食寡，則民不力；不知當時何以爲餘粟地也？『貴酒肉之價，重其租，令十倍其樸，則商估少而農不酣。』然則酒肉之用廢矣。凡史記所不載，往往爲書者所附合，而未嘗通行者也。秦方興時，朝廷官爵豈有以貨財取者？而賣權者以求貨，下官者以冀遷，豈孝公前事邪？」

直齋書録解題：「雜家類：商子五卷，秦相衞鞅撰。漢志二十九篇，今二十八篇，又亡其一。」

文獻通考：「經籍雜家：商子五卷。」

宋史藝文志：「雜家類：商子五卷。」

案：隋、唐志及唐代注釋家徵引，並作商君書，不曰商子，今復其舊稱。又其篇帙，漢志二十九篇，讀書志：今亡者三篇，書録解題：今二十八篇，又亡其一。是宋本實二十六、二十七篇。余得元鐫本，始更法，止定分，爲篇二十六，中間亡篇二，第十六、第二十一，實二十四篇，與今所行范欽本正同。後又得秦四麟本，頗能是正謬誤，最爲善本，其篇次亦同。因以知宋無鐫本，或有之而流傳不廣，故元時已有所亡失也。舊本缺總目，范本有。今遂録爲一篇，冠諸卷首云。叔卿書。禮鴻案：錐指目録即據嚴本，此不複出。

商君書説民弱民篇爲解説去彊篇刊正記

蒙季甫

商君書説民、弱民二篇與去彊篇文多重出。詳繹其義，乃知説民、弱民二篇並爲去彊一篇之注。弱民篇節目次第全同去彊，惟間有脱佚。説民篇承弱民篇之後，節目次第亦太半與去彊篇同；間有異者，乃去彊篇錯簡，正可據説民篇次第移改。蓋古者注與正文别行，若春秋之公穀，易之彖象，非如後世直繫正文之下，故誤以爲别篇正文而更立一篇耳。今本去彊第四，説民第五，此猶可見古注必多附列正文之後，而弱民一篇則遠在二十，此又篇第之誤也。又去彊篇前半爲弱民篇所注釋者，即不復見於説民篇；説民篇所注釋者，亦不見於弱民篇；而凡爲説民篇所注釋者，靳令篇中必有之，且節目次第亦多相同。取韓非子飭令校靳令，去其增多者，則固與説民篇所注釋之正文出入無幾也。疑去彊原爲兩篇，韓非子取説民所釋之一篇作飭令，後世又取飭令增潤爲靳令而附商君書中，故多複雜耳。禮鴻案：蒙氏謂去彊原爲兩篇，而韓非取其一作飭令，後世又增潤韓非而附商君書中，此皆無證驗。曷不可謂去彊一篇而釋之者分而爲兩篇也？飭令文少於靳令，當是韓非裁節商君書；今云附商君書中，一若飭令一篇之説初爲商君書所無者，尤語失也。今三篇别遠，檢校不易。玆特以去彊篇爲正文，弱民説民爲注釋，分節比附，一目瞭然。非好爲多舉，正以明其相屬也。其諸字句譌誤當校改者，具見本篇校讀，不復覼縷。至説民、飭令、靳令三篇同異，不及詳列也。

以彊去彊者弱，以弱去彊者彊。去彊篇爲正文。以下凡低一格者並同此例。

民弱，國彊；民彊，國弱。故有道之國務在弱民。樸則彊，淫則弱。弱則軌，淫則越志。弱則有用，越志則彊。故曰：以彊去彊者弱，以弱去彊者彊。弱民篇爲注文。以下凡低三格者並同此例。

國爲善，姦必多。

民，善之則親，利之用則和，用則有任，和則匱，有任乃富於政。上舍法，任民之所善，故姦多。

國富而貧治，曰重富。重富者彊。國貧而富治，曰重貧。重貧者弱。

民貧則力富，力富則淫，淫則有蝨。故民富而不用，則使民以食出，各必有力，則農不偷。農不偷，六蝨無萌，故國富而民治，重彊。此節當有脱文。

兵行敵之所不敢行，彊；事興敵所羞爲，利。

兵易弱難彊。民樂生安佚，死，難，難正。易之則彊。事有羞，多姦；寡賞，無失。多姦疑敵失必利。兵至彊，威；事無羞，利。用兵久處利勢，必王。故兵行敵之所不敢行，彊；事興敵之所羞爲，利。主貴多變，國貴少變。

法有，民安其次；主變，事能得齊。國守，安；主操權，利。故主貴多變，國貴少變。

國多物，削；主少物，彊。千乘之國守千物者削。

利出一孔則國多物，出十孔則國少物。守一則治，守十則亂。治則彊，亂則弱。彊則物來，弱則物去。故國致物者彊，去物者弱。

戰事兵用曰彊！戰亂兵息而國削。

民辱則貴爵，弱則尊官，貧則重賞。以刑治民，則樂用；以賞戰民，則輕死。故戰事兵用曰彊。民有私榮，則賤列卑官；富則輕賞。治民羞辱以刑戰，則戰民畏死。事亂而戰，故兵農怠而國弱。

農商官三者，國之常官也。三官者生蝨官者六：曰歲，曰食，曰美，曰好，曰志，曰行。六者有樸，必削。三官之樸三人，六官之樸一人。

農商官三者，國之常食官也。農闢地，商物，官法民。三官生蝨六：曰歲，曰食，曰美，曰好，曰志，曰行。六者有樸，必削。農有餘食，則薄燕於歲。商有淫利，有美好傷器。官設而不用，志行爲卒。六蝨成俗，兵必大敗。

以治法者彊，以治政者削。

法枉，治亂；任善，言多。治衆，國亂；言多，兵弱。法明，治省；任力，言息。治省，國治；言息，兵彊。

常官治者遷官。案：弱民篇於此句無注釋，説民篇有常官則治一句，亦殘脱錯簡。禮鴻案：此及下治大國小治小國大蓋當上屬爲節，而此文有脱誤。

治大，國小；治小，國大。

故治大國小，治小國大。案此上當有脱文。

彊之重，削；弱之重，彊。

政作民之所惡，民弱；政作民之所樂，民彊。民弱，國彊；民彊，國弱。故民之所樂，民彊。民彊而彊之，兵重弱。民之所樂，民彊。民彊而弱之，兵重彊。故以彊重弱，弱重彊，王。

夫以彊攻彊者亡，以弱攻彊者王。

以彊政彊，弱，弱存。以弱政弱，彊，彊去。彊存則弱，彊去則王。故以彊政弱，削；以弱政彊，王也。自此以上皆釋去彊。此下尚有明主之使其臣也至篇末二百七十八字，則並不注釋去彊篇，且文義亦與上文不相屬。今定以爲錯法篇文，詳見校讀中。

國彊而不戰，毒輸於內，禮樂蝨官生，必削。國遂戰，毒輸於敵，國無禮樂蝨官，必彊。

案：此節弱民、説民二篇均無注釋。惟靳令篇云：「國貧而務戰，毒生於敵，無六蝨，必彊。國富而不戰，偷生於内，有六蝨，必弱。」與此節文意相同，而此數語在靳令篇中與上下文全不相蒙。靳令篇與韓非子飭令篇同；今檢韓非子飭令正無此數句，明係別篇脱竄。疑即弱民篇脱簡也。

舉榮任功曰彊。案：此句弱民、説民二篇並無注釋。

蝨官生必削。案：此句弱民、説民二篇並無注釋。疑此句即上文「國彊而不戰，毒輸於内，禮樂蝨官生，必削」之衍文。

農少商多，貴人貧，商貧，農貧，三官貧必削。案：此節弱民、説民二篇並無注釋。

國有禮有樂，有詩有書，有善有修，有孝有弟，有廉有辯。國有十者，上無使戰，必削至亡；國無十者，上有使戰，必興至王。

辯慧，亂之贊也；禮樂，淫佚之徵也；慈仁，過之母也；任舉，姦之鼠也。亂有贊則行，淫佚有徵則用，過有母則生，姦有鼠則不止。八者有羣，民勝其政；國無八者，政勝其民。民勝其政，國弱；政勝其民，兵彊。故國有八者，上無以使守戰，必削至亡；國無八者，上有以使守戰，必興至王。自此以下凡低三格者並説民篇文，亦去彊之注也。案：正文言十者，此言八者，其實十者、八者並是後人據文中所列名目妄爲更改。農戰篇以詩、書、禮、樂、善、修、仁、廉、辯、慧爲十者，靳令篇以禮、樂、詩、書、修、善、孝弟、誠信、貞廉、仁義、非兵、羞戰爲十二者，而止有九者，賞刑篇有博聞、辯慧、信廉、禮樂、修行、羣黨、任譽、清濁，不舉數目。可見此諸名目並有譌亂，所舉數目並非確也。

國以善民治姦民者，必亂至削；國以姦民治善民者，必治至彊。

用善則民親其親，任姦則民親其制。合而復者，善也；別而規者，姦也。章善則過匿，任姦則罪誅。過匿則民勝法，罪誅則法勝民。民勝法，國亂；法勝民，兵彊。故曰：以良民治，必亂至削；以姦民治，必治至彊。

國用詩、書、禮、樂、孝、弟、善、修治者，敵至必削，國不至必貧。國不用八者治，敵不敢至，雖至必却。案：此一節弱民、說民二篇並無注釋。農戰篇有此數語，文略異。興兵而伐，必取，取必能有之。按兵而不攻，必富。案：此節弱民、說民二篇並無注釋。靳令篇有此一節，文全同。農戰篇亦有之，文略異。禮鴻案：此宜屬上，不當別爲一節。

國好力，日以難攻；國好言，日以易攻。國以難攻者，起一得十；以易攻者，出十亡百。

國以難攻，起一取十；以易攻，起一亡百。國好力，日以難攻；國好言，日以易攻。民易爲言，難爲用。國法作民之所難，兵用民之所易，而以力攻者，起一得十。國法作民之所易，兵用民之所難，而以言攻者，出十必百。

重罰輕賞，則上愛民，民死上；重賞輕罰，則上不愛民，民不死上。興國行罰，民利且畏，行賞，民利且愛。

罰重，爵尊；賞輕，刑威。爵尊，上愛民；刑威，民死上。故興國行罰則民利，用賞則上重。案：靳令篇云：「是故興國罰行則民親，賞行則民利。」韓非子飭令篇無。禮鴻案：飭令云：「使人則上利。」即是也。

行刑重其輕者，輕其重者，輕者不生，重者不來。此十八字舊本有，嚴氏從秦本删去，非是。又據説民篇，此下當有「行刑重輕，刑去事成，國彊；重重而輕輕，刑至事生，國削」數句，今本脱濫在下，當據説民篇移此，靳令篇次第與説民篇同，可證當依説民爲是。禮鴻案：蒙氏謂有脱文，固是。然其説殊未别白。觀其此文篇末案語，則脱亂在後者爲「以刑去刑，國治；以刑致刑，國亂。故行刑重輕，刑去事成，國彊；重重而輕輕，刑至事生，國削。刑生力，力生彊，彊生威，威生惠，惠生於力。舉力以成勇戰，戰以成知謀」六十二字；又觀其説民篇「刑生力，力生彊，彊生威，威生德，德生於刑」數句下案語，則謂此六十二字中自刑生力以下當移於「治國能令貧者富，富者貧，則國多力。多力則王」數句之後；特不知「以刑去刑，國治；以刑致刑，國亂」十二字當移於何處？今謂此六十二字當全移在此。彼末云「以成知謀」，正與下「國無力而行知巧，必亡」文相銜接。斯蒙氏之所未審也。

法詳則刑繁，法繁則刑省。民治則亂，亂而治之，又亂。故治之於其治，則治；治之於其亂，則亂。民之情也治，其事也亂，故行刑重其輕者，輕者不生，則重者無從至矣。此謂治之於其治也。行刑重其重者，輕其輕者，輕者不止，則重者無從止矣。此謂治之於其亂也。故重輕則刑去事成，國彊；重重而輕輕，則刑至而事生，國削。

國無力而行知巧者必亡。案：此句弱民、説民二篇均無注釋。禮鴻案：此當併入上。

怯民使以刑，必勇；勇民使以賞，則死。怯民勇，勇以死，國無敵者彊，彊必王。

則王。

貧者使以刑，則富；富者使以賞，則貧。治國能令貧者富，富者貧，則國多力。多力

以賞則死。怯民勇，勇民死，國無敵者必王。

民勇，則賞之以其所欲；民怯，則殺之以其所惡。故怯民使之以刑則勇，勇民使之

民貧則弱，國富則淫。淫則有蝨，有蝨則弱。故貧者益之以刑，則富；富者損之以

賞，則貧。治國之舉，貴令貧者富，富者貧。貧者富，富者貧，國彊，三官無蝨。國久

彊而無蝨者必王。刑生力，力生彊，彊生威，威生德，德生於刑。此數語當是因注釋去彊篇所引篇中正文，而注釋則佚脱，而去彊篇此數句又脱濫在下，當依此移前。禮鴻案：此説未必然。下文以故字起，明蒙此而言。刑多則賞重正此所謂德生於刑也。蓋以去彊既有此言，則引以釋刑九賞一之文耳。非必釋去彊而舉正文也。存參。

王者刑九賞一，彊國刑七賞三，弱國刑五賞五。

故刑多則賞重，賞少則刑重。民之有欲有惡也，欲有六淫，惡有四難。從六淫，國弱；行四難，兵彊。故王者刑於九而賞出一。刑於九則六淫止，賞出一則四難行。

六淫止則國無姦，四難行則兵無敵。

國作壹一歲，十歲彊。作壹十歲，百歲彊。作壹百歲，千歲彊。千歲彊者王。

民之所欲萬，而利之所出一。民非一無以致欲，故作一。作一則力摶，力摶則彊。

威以一取十，以聲取實。故能爲威者王。案：此節弱民、説民二篇並無注釋。

能生不能殺，曰自攻之國，必削；能生能殺，曰攻敵之國，必彊。

彊而用，重彊。故能生力，能殺力，曰攻敵之國，必彊。塞私道以窮其志，啟一門以致其欲，使民必先行其所要，然後致其所欲，故力多。力多而不用則志窮，志窮則有私，有私則有弱。故能生力，不能殺力，曰自攻之國，必削。

故攻官、攻力、攻敵，國用其二，舍其一，必彊。令用三者，威必王。案：此節弱民、説民二篇並無注釋。

故曰：王者國不蓄力，家不積粟。國不蓄力，下用也；家不積粟，上藏也。案：此節無正文，必去彊篇文有佚脱。

十里斷者國弱，九里斷者國彊。以日治則王，以夜治者彊，以宿治者削。

國治，斷家王，斷官彊，斷君弱。重輕刑去，常官則治。省刑要保，賞不可倍也，有姦必告之，則民斷於心。上令而民知所以應，器成於家而行於官，則事斷於家。故王者刑賞斷於民心，器用斷於家。治明則同，治闇則異。同則行，異則止。行則治，止則亂。治則家斷，亂則君斷。治國者貴下斷。故以十里斷者弱，以五里斷者彊。家斷則有餘，故曰日治者王。官斷則不足，故曰夜治者彊。君斷則亂，故曰宿治者削。故有道之國，治不聽君，民不從官。

案去彊自此以下尚有舉民衆口數等二百九十一字。其中除「以刑去刑，國治；以刑致刑，國亂。故曰：行刑重輕，刑去事成，國彊；重重而輕輕，刑至事生，國削。刑生力，力生彊，彊生威，威生惠，惠生於力。舉力以成勇戰，戰以成知謀」等六十二字，皆依説民、靳令二篇移前外，其餘二百二十九字皆無注釋，且文意語法均不類似，疑是别篇之文脱佚者。然以無佐證，未敢武斷。

後敘

右商君書鍇指五卷，嘉興後學蔣禮鴻字雲從竊取乾嘉諸老先之緒以撰次者也。蓋王伯申之於治儒經，自謂於大道不敢承，獨整齊其文字而爲之舌人，兹嘗竊比焉。據西吴嚴氏本，從常見也。録俞、孫、王、簡、朱，述先士之績也。旁采汪氏、二蒙氏之倫與師友之説，廣俞、孫諸君義也。斠藝文類聚、羣書治要、意林、太平御覽、路史、圖書集成所引，微舊文之跡也。參錢氏指海本，表校家之遺也。諸家説刊之易之，乃鄙懷所未是，或者省複重也。增諸説之所無，記愚心之所悟也。辨議諸説，頗從約省，不以擊難爲工也。是非不備載，純駁不俱登，取是與明，抑有以異乎集解之體也。凡所發正，但著其説，不易嚴本一字，懼以私意舊觀也。於是作而歎曰：昔王蒖友治許叔重書，稱唯嚴氏不欺。余疾夫欺誕以譁世者。若此書者，其庶幾不欺矣乎？至於古人之大體精思，藐予小子，特有慕焉而非敢云逮者也。稍矜蕭繹仰屋之勤，豈冀桓譚身後之識，敢逃劉歆掩瓿之譏，庶見吴縝糾謬之著。始爲此書，在湖南安化縣之藍田鎮。越三年寫定，於是吾得齡二十有九矣。在藍田時，鎮江錢子厚先生與爲忘年交，知余問學所由甚審。洎書寫定，余在重慶，先生居貴陽，不得質正而乞爲之跋。既自爲叙，復述所以孱輯之意與成書首末如此。若夫當世號知言君子可乞一言以華予者，懼書之玷其言，故不敢請也。一九四五年九月九日記，時在重慶柏溪。

一九四七年夏，屬友人洪自明校閲一過，有所匡補，並隨條增入。是年冬，得見陶小石鴻慶讀諸子札記，爰復采録，其例凡三。一，所説已經他家據别本校正者不録。一，説與鄙見略同，而鄙説較詳者，不更追改，以文不便故。一，他家時代在陶氏後，而説與陶氏同者，以其名氏未如陶氏之顯，則或不以此易彼，或兩存其説，庶以闡幽云爾。翌年十一月，自浙江大學借得孫仲容據孫淵如、嚴鐵橋、錢雪枝三家校本合勘定本，讀兩日而歸之。凡淵如、鐵橋二家校改已爲前采諸家及鄙説之所及者，不復改後以從前，蓋亦言公之旨也。